Topos Taschenbücher
Band 267

Romano Guardini

Freiheit und Verantwortung

Die Weiße Rose – Zum Widerstand im „Dritten Reich“

Topos Taschenbücher

Die Deutsche Bibliothek – CIP-Einheitsaufnahme

Guardini, Romano:
Freiheit und Verantwortung : die Weisse Rose ; zum Widerstand im Dritten Reich / Romano Guardini. – Mainz: Matthias-Grünewald-Verl., 1997
(Topos-Taschenbücher ; Bd. 267)
ISBN 3-7867-1987-X
NE: GT

 1. Auflage 1997
Reihengestaltung: Harald Schneider-Reckels und Iris Momtahen
Druck und Bindung: Clausen & Bosse, Leck

ISBN 3-7867-1987-X

Inhalt

Die Waage des Daseins

Meine sehr verehrten Zuhörer!

Das Vertrauen der Angehörigen und Freunde Jener, deren Namen über dieser Versammlung stehen, hat mich beauftragt, die Worte des Gedenkens für sie zu sprechen.
Eines Menschen gedenken kann man nur so, daß man sagt, wie er in Wahrheit gewesen ist; es gibt aber verschiedene Wege, um zu dieser lebendigen Wahrheit zu gelangen.
Der erste ist das durch die Liebe geleitete und durch Besonnenheit überwachte Bemühen, seine Persönlichkeit und seinen Lebensgang zu verstehen, immer tiefer ins Eigentliche vorzudringen, bis schließlich sein Wesen zu klarer Anschauung gelangt. Diesen Weg kann ich nicht gehen, denn ich habe die Menschen, deren Gedächtnis wir ehren, nicht persönlich gekannt; weder Aufzeichnungen noch Berichte können ersetzen, was nur die lebendige Begegnung zu offenbaren vermag.
Doch gibt es noch einen anderen Weg, nämlich nach den Ideen zu fragen, denen sie gedient haben, und nach den Werten, durch die sie sich verpflichtet wußten. Auch er führt in ihre Wahrheit; denn der Mensch ist so geartet, daß er ebensoviel aus dem Grundsätzlichen und Ewigen wie aus dem Individuellen und Zeitlichen heraus lebt, oder aber es verrät und vernachläs-

sigt, und dann ist er dadurch bestimmt. Diesen Weg werde ich einschlagen. Von den Menschen selbst wird dabei nicht viel die Rede sein, doch wird der Blick immer auf sie gerichtet bleiben. Und ich hoffe, von dem her, was ich zu sagen habe, wird ein klares Licht auf ihr Wesen und Tun fallen und es so erhellen, wie unser verworrenes Dasein nur vom Ewigen her erhellt werden kann.

Auf welcher Waage wird das Leben eines Menschen gewogen? Nach welcher Ordnung wird die Rechnung gestellt, in der Gewinn und Verlust dieses Lebens hervortreten, und sein letzter Sinn deutlich wird? Der Natur gegenüber kann von keinem Wägen die Rede sein, denn da geht alles, wie es seinem Gesetz nach gehen muß. Beim Menschen aber liegen Tun und Sein in der Hand der Freiheit, und Freiheit bedeutet, daß es bewahrt werden kann, aber auch verdorben.

Welches also ist die Waage, und welches die Ordnung?

II

Solcher Waagen und Ordnungen gibt es verschiedene, je nach den Bereichen des Daseins. Eine erste bezieht sich auf die materiellen Dinge. Das Wort ist nicht geringschätzend gesagt, sind doch die Dinge dem Menschen in die Hand gegeben, daß er sie recht brauche, zu seinem Wohlergehen, wie auch zur Erfüllung ihres eigenen Sinnes. Da ist der kleine Bereich, in welchem der Mensch „zur Welt gelangt" und Stand in ihr faßt, das Haus: seine Führung besteht vor allem in der Pflege und dem Gebrauch von Dingen. Aus dem Hause tritt der Mensch in den Beruf: auch dessen Arbeit richtet sich zumeist auf Dinge, ihren Erwerb und ihre Verarbeitung. Noch einmal das gleiche gilt für Gemeinde und Staat: die Dinge bilden Grundlage und Gerüst ihres Bestehens. Zu seinem größten Teil ist das Leben des Menschen ein Umgang mit den Dingen, und die Ordnung dafür ist die der rechten Verwaltung. Sie wird durch die Verantwortung bestimmt, welche der Mensch für das vielbedürfende Dasein hat, das eigene wie das der anderen. Und durch seine Verantwortung für die Dinge selbst, denn die hat er, auch wenn er oft meint, er könne mit ihnen machen, wozu Habgier und Machtwille ihn treiben. Es gibt eine Anklage, die aus den mißbrauchten Dingen aufsteigt. Vergils Wort von den „lacrimae rerum", den Tränen der Kreatur, welche Gewalt leidet, sind wahrer, als die Unbedenklichkeit des Alltags ahnt. Und es gibt eine Rache der mißbrauchten Dinge, im einzelnen nicht leicht zu verfolgen, weil sie sich auf verborgenen Bahnen und in unmerklichen Bewegungen vollzieht. Aber wir empfinden sie in dem beunruhigenden Gefühl, daß die wirtschaftlichen und gesellschaftlichen Verhältnisse nicht in Ordnung sind, bis sie sich in Katastrophen offenbart, die niemand mehr übersehen kann. Auf Grund dieser Ordnung wird das Tun gewogen. Das Maß sind Redlichkeit, Treue und Umsicht, unscheinbare, mühevolle, aber lebenbegründende Tugenden. Der heilige Benedikt von Nursia, den man Vater des Abendlandes genannt hat, weil er zu jenen gehört, die das Erbe der alten Welt herüberretteten und das Chaos der Völkerwanderung zur neuen Gestalt bewältigten, sagt im einunddreißigsten Kapitel seiner Regel, der Cellerar, der über Hab und Gut des Klosters gesetzt ist, müsse die Dinge ansehen „quasi vasa altaris“, wie die Gefäße des göttlichen Dienstes. Die Worte enthalten gewiß keine Überschätzung des Besitzes, stehen sie doch in der nämlichen Regel, welche die ihr Gehorchenden zur letzten Loslösung führt. Ihr Idealismus ruht aber auf dem Wirklichkeitssinn des Römers, der wußte, von welchem Fundament täglicher Gewissenhaftigkeit der Aufstieg ausgehen muß, wenn er wirklich zur Höhe des Ungewöhnlichen gelangen soll. Das kommt uns Heutigen sehr nahe, denn wieder ist die Gestalt der Zeit erschüttert, und der Mensch preisgegeben, und die Not so groß, daß keiner weiß, wie die wenigen Dinge, welche zur Verfügung stehen, nach den Worten des Evangeliums ausreichen sollen „für so viele“.

Diese Ordnung ist ohne weiteres zu durchschauen – obgleich sie in tieferen Schichten wurzelt, als man wohl meint. Denn der Mensch wird den materiellen Dingen mit bloß materieller Gesinnung nicht gerecht. Sie aber haben Macht der Empörung in sich und erheben sich wider den, der sich seiner Verantwortung gegen den Geist entzieht. Trotzdem ist die Ordnung, von der wir reden, ohne weiteres zu durchschauen. Sie ruht auf der Natur des Geschaffenen, auf Treue und Besonnenheit, und bewährt sich im Gedeihen der menschlichen Verhältnisse. Es ist etwas Großes, Haushalter des Daseins zu sein.

Unter diesem Gesichtspunkte wäre aber von den Menschen, derer wir hier gedenken, kaum viel zu sagen. Ich weiß nicht, wie sie mit ihrem Hab und Gut umgegangen sind; doch waren sie fast alle jung; so hätten sie wahrscheinlich für ein schönes Buch oder einen frohen Tag hingegeben, was etwa für Speise und Kleidung nötig gewesen wäre. Und sie wären nicht zu tadeln gewesen, ist es doch das Vorrecht des jungen Menschen, glauben zu dürfen, vor dem Geist und dem Leben habe die Vernunft der Dinge kein Gewicht.

III

Eine zweite Ordnung ist die der Tat und des Werkes: der Tat, welche entdeckt und erobert, unternimmt und gestaltet, Not bewältigt und Rettung vollzieht; des Werkes, das die Beziehungen des Menschen ordnet, Hoheit und Recht begründet, Wissenschaft und Kunst hervorbringt. Das nicht zu vergessen, was immer wieder in den Strom des Lebens eingeht und nicht mehr unterschieden werden kann und deutlich erst wird in der Offenbarung alles Menschlichen am Ende der Zeit: die Liebe in all ihren Weisen, das Hüten und Entfalten, Lösen und Befreien, Helfen und Heilen. Alles das geht aus der Kraft der Freiheit, aus der Tiefe des Geistes, aus den Quellen des Herzens hervor – und andererseits aus den Möglichkeiten der Geschichte und der Forderung der Stunde. Es steht in einer Ordnung, vom schlichten Alltag hinaufreichend bis zur Höhe des Helden und des Genies; in der Ordnung

der rechten Tat und des reinen Werkes, getan und geschaffen so, wie nicht Ehrgeiz und Vorteil es nahelegen, sondern wie die Sache selbst fordert.
Hier werden andere Tugenden verlangt: Mut, der den geschützten Bereich verläßt und ins Offene geht, weil er einen Ruf vernimmt; Anfangskraft, welche das Bekannte aufgibt und das Neue wagt, weil es sie von innen her drängt; Bereitschaft, die sich dem zur Verfügung stellt, was noch nicht ist, aber werden soll. So gibt es auch ein Gewicht, nach welchem der Mensch und sein Tun gewogen wird: ob er wach ist und vernimmt, was aus dem Raum des Möglichen her ruft; ob er rein ist im Geiste, und den Ruf nicht mit den Wünschen der Selbstsucht vermischt; ob er bereit ist, die Ängste und Schmerzen des Werdens auf sich zu nehmen.
Die Vorgänge dieses Bereiches sind nicht so leicht zu verstehen wie jene des ersten, weil es um das geht, was erst werden soll; weil es um das Große geht, nicht in Zahlen, sondern in einem inneren Adel bestehend, der einer einfachen Gebärde eigen sein kann und fehlen, wo sich Massen und Millionen breit machen. Aber auch sie haben ihre Vernunft, weil sie ihre Ordnung haben. Die Vernunft ist ja nicht das kümmerliche Wesen, als das sie oft hingestellt wird. Sie ist so weit wie die Welt. Sie ist die Fähigkeit, die Ordnungen des Daseins nachzudenken. So kann sie auch die der Tat und des Schaffens erkennen, nur daß sie dazu einer ernsteren und tieferen Bemühung bedarf und immer wieder der Gefahr unterliegt, das Ungewöhnliche als abwegig anzusehen. Wie fremd ist der durchschnittli-

chen Denkweise das Leben eines Forschers, der Genuß und Gesundheit vergißt, um eine noch unbekannte Wahrheit zu finden! Wie unsinnig die Leidenschaft eines Künstlers, der sich für sein Werk verzehrt! Wie unverständlich die Gesinnung eines von geschichtlicher Stunde Gerufenen, der tut, was sie fordert, auch wenn er dabei untergeht! Und wie töricht ist für den unberührten Beobachter das Verhalten des Liebenden, dem ein anderer Mensch sein Leben anvertraut hat, oder der sich durch die Not der Verlassenen verpflichtet fühlt! Auch hier ist Ordnung, strenger als die der materiellen Dinge; unerbittlicher in ihren Folgen, wenn sie verletzt, reicher an Fruchtbarkeit, wenn sie erfüllt wird – durchsichtig freilich nur für den, der ihr selbst zugehört.

Die Menschen, derer wir gedenken, haben in dieser Ordnung gestanden. Sie gehörten zur Welt der Universität, trotz allem einer der vornehmsten, die es gibt, weil sie nur der Wahrheit verpflichtet ist. In den vergangenen Jahren hat man sie entwürdigt. Man hat ihr Verhältnis zur Wahrheit verdorben und damit ihr Wesen zerstört. Man hat sie zum Mittel für politische Zwecke gemacht. Die Geschwister Scholl und ihre Freunde wollten, daß die Universität wieder werde, was sie sein soll: eine lebendige Gemeinschaft in der Hingabe an die Wahrheit, und dafür haben sie alles gewagt.

Darüber hinaus aber ging es ihnen um die Ehre des deutschen Volkes, um sein geistiges Leben, um seine wahre Berufung. Darum haben sie sich gegen die Erniedrigung und Zerstörung aufgelehnt, die ihm von jenen widerfuhr, welche sich seine Führer nannten, und ihre Tat, vom realistischen Standpunkt aus gesehen ohnmächtig, vielleicht sogar töricht, trägt diesen Sinn in sich und ist zu einem Symbol menschlichen Adels geworden.

IV

Wir haben von zwei Bereichen des Lebens gesprochen: von den Dingen und ihrer Ordnung, verwirklicht in der Treue der verwaltenden Arbeit; vom schöpferischen Tun und seiner Ordnung, verwirklicht im Gehorsam gegen den inneren Ruf. Beide Bereiche haben ihre Probleme und ihre Nöte. Sie sind um so schwerer zu verstehen, je größer ihre Aufgaben werden; trotzdem sind sie aus sich heraus verständlich, weil sie im Wesen der Dinge und des Lebens begründet sind. Darin sind sie auch gewährleistet, und wer ihre Ordnung vollzieht, stützt sich auf diese Gewähr. Es gibt aber noch eine andere Ordnung, die nicht in Welt und Leben begründet ist; nicht von deren Wesen her gewährleistet und daher auch nicht von ihm her zu verstehen noch zu rechtfertigen. Ihr Ursprung liegt im Herzen Gottes. Sie wurde in die Welt hineingetragen durch Jesus Christus. In Ihm ist ihr Sinn begründet, und nur von Ihm her kann sie erkannt werden.
Man könnte einwenden, diese Dinge gehörten nicht hierher; wir haben aber von der Wahrheit zu reden, aus welcher die Menschen, derer wir gedenken, gelebt haben, und der Herzbereich dieser Wahrheit liegt

hier. So würden wir ihrem eigenen Willen widersprechen, wenn wir von ihm schwiegen.
Also müssen wir von Christus sprechen und fragen, als wen wir Ihn anzusehen haben, damit die Ordnung deutlich wird, die Er begründet hat. Er ist nicht ein Großer in der Reihe großer Menschen, nicht einmal der Größte unter allen, sondern Jener, in welchem Gott zu den Menschen gekommen ist. Und gekommen nicht so, wie Er es in jedem edlen Herzen, in jedem hohen Geiste tut, sondern in einer Weise, welche selbst schon die ganze Andersartigkeit offenbart, um die es hier geht, sie – um das Wort zu brauchen, das Er selbst ausgesprochen hat – offenbart bis zum Ärgernis. In Christus ist der Sohn Gottes, der keines Dinges bedarf und von keiner Notwendigkeit bestimmt wird, in die Zeitlichkeit eingetreten und Mensch geworden. Das aber hat er getan, um die Welt, die sich wegverloren hatte, in der Liebe seines Herzens zum Vater zurückzuwenden und sie zu einem neuen Leben zu führen.
Hier ist nicht Größe im natürlichen Sinne; weder Kühnheit menschlichen Heldentums noch Geheimnis irdischer Schöpferschaft. Alles wird verfehlt, wenn man mit den Maßstäben arbeitet, die aus unserem unmittelbaren Dasein stammen. Hier ist etwas, dessen Wesen nur aus ihm selbst verstanden werden kann: das Handeln der Liebe. Nicht jener, von welcher Philosophen und Dichter sprechen, und hießen sie Platon oder Dante, sondern einer Liebe, die in Gott beginnt und macht, daß der Ewig-Erfüllte, welcher wäre, was Er ist, auch wenn nicht Welt noch Menschen wä-

ren, sich hingibt, um den Menschen in sein eigenes Leben emporzuheben. Wenn einer behauptet, er verstehe das, so mag er sich wohl prüfen; vielleicht weiß er gar nicht, wovon er spricht. Das wirkliche Verständnis beginnt mit der Beunruhigung durch das Unerhörte. Es setzt sich fort in der Einsicht, daß dieses scheinbar Unsinnige den letzten Sinn von allem bildet. Es vollendet sich in der Hingabe des Glaubens an das, was über allem Irdischen ist.

Das ist durch Jesus Christus geschehen, und so geschehen, daß damit ein neues Dasein begann. Glauben aber heißt, sich in diesen Beginn zu stellen: die Gesinnung Christi als die wahre anzusehen, die Wirklichkeit, die Er verkündet, als die endgültige zu nehmen, mit der Kraft, die Er selbst gibt, im eigenen Leben das Seine nachzuvollziehen.

Im innersten Kern dieses Lebens steht das Opfer. Aber wir müssen wieder unterscheiden, und Sie dürfen sich dieses beständige „nicht so, sondern so“ nicht verdrießen lassen. Denn für die Menschen, derer wir gedenken, war die Unterscheidung der wesentlichen Dinge ein wichtiges Anliegen. Sie waren bemüht, die grenzenlose Verworrenheit der Begriffe, die furchtbare Entstellung und Verschmutzung der geistigen Werte, wie sie überall eingerissen war, zu überwinden, die Wesenheiten in ihrer blanken Wahrheit herauszuheben und die Ordnungen des Daseins so aufzurichten, wie sie wirklich sind. Daher muß auch klar sein, was hier, da wir uns dem Innersten nähern, „Opfer“ bedeutet. Gewiß ist keine große Tat, kein echtes Werk, keine lautere menschliche Beziehung möglich, ohne daß der Mensch das Seinige hineinwagt. Der Sinn solcher Hingabe liegt aber im Wesen des Lebens selbst, im Gesetz des „stirb und werde“ begründet, und noch die letzte Entäußerung wird von dorther gerechtfertigt und gesichert. Jene Hingabe aber, welche das Leben Christi durchzieht und sich in seinem Tod vollendet, ist etwas anderes. Er stand im irdischen Dasein und zugleich außerhalb seiner, zwischen Zeit und Ewigkeit gleichsam, und dort, in der letzten Einsamkeit, dem Vater allein verantwortlich und von ihm allein erkannt, trug Er die Sache der Welt aus. Sein Opfer ist es, welches der Glaubende, jeder nach seiner Weise und in seinem Maß, im eigenen Leben nachzuvollziehen hat.

Daraus gewinnt er eine letzte, nicht mehr anzutastende Freiheit. Niemand würde eine Tat wagen, von der völlig klar wäre, daß sie mißlingen müsse, denn die Rechtfertigung jeder Tat liegt schließlich doch in der Wirkung, welche sie im Gefüge des Lebens und im Gang der Geschichte vollbringt. Niemand würde ein Werk beginnen, wenn feststünde, daß es nicht geraten wird, denn was soll eine Schöpfung, die sich nicht vollenden darf? So ist alles Tun und Schaffen von den Möglichkeiten abhängig, welche Welt und Leben ihm geben, und darin bleibt es gebunden. Jenes Opfer hingegen, das der Glaubende im Mitvollzug der Gesinnung Christi bringt, hofft zwar auch, es werde im unmittelbaren Leben seine Wirkung tun dürfen – wie sollte es diese Hoffnung aufgeben? – es ist aber nicht von ihrer Erfüllung abhängig, denn sein eigentlicher

Sinn liegt anderswo. Es kann mißlingen, es kann ohne jede erkennbare Wirkung im Gefüge des Daseins bleiben, es kann im Dunkel der Unbekanntheit untergehen – das alles hebt seinen eigentlichen Sinn nicht auf. Im letzten wird es vollzogen vor Gott allein, Seinem Wissen anvertraut und Seiner Hand anheimgegeben, daß Er es in die große Rechnung der Welt einfüge, wo Er will.

Dieses Handeln ist aus irdischen Voraussetzungen allein nicht zu verstehen, weder aus einer Ethik der Selbstlosigkeit noch aus einer Philosophie des Schaffens und der Geschichte. Es lebt aus dem Glauben an den neuen Anfang, der sich in Christus aufgetan hat und ist ebenso „Ärgernis und Torheit", wie Sein Handeln selbst es gewesen ist.

In Wahrheit wird aber das menschliche Dasein von ihm getragen. Dem Individualismus früherer Zeit gegenüber haben wir gelernt, was Gemeinschaft heißt, doch wissen wir von ihr vielleicht noch nicht genug. Sie reicht tiefer, als wir meistens annehmen. Es gibt jenen Zusammenhang, der aus unser aller Abhängigkeit von den materiellen Dingen stammt. Sollten wir ihn vergessen haben, dann bringt die Not unserer Tage, die ans Leben geht, ihn uns in einer Weise nahe, die nicht übersehen werden kann.

Es gibt die Verbundenheit im Gewebe der Taten und Werke. Wiederum ist es gerade unsere Zeit, die jeden, der lernen will, gelehrt hat, wie die Tat des Einen zum Schicksal für Alle wird, im Bösen, aber auch, Gott sei Dank, im Guten. Und was die Werke des Geistes an-

langt, der Erkenntnis, der Ordnung und der Schönheit, so sind sie von Strömen gespeist, die aus dem Leben Aller kommen und werden ihrerseits zu Quellen, bereit, jeden Becher zu füllen, der sich ihnen entgegenhält.
Dann aber gibt es noch eine andere, letzte Gemeinschaft, die aus der Tat Christi entspringt, von welcher die Rede war. Glauben heißt, sich auf diese Gemeinschaft verlassen; Liebe, sie lebendig mittragen. Sie geht, der alltäglichen Erfahrung entzogen, unter unserem Dasein hin. Keiner weiß, aus welchen Überwindungen ihm Kraft zuströmt. Niemand kann sagen, wo die Lösung durchlitten worden ist, die sein Leben ins Freie führt. Und keine Wissenschaft vermag festzustellen, auf welche Sühnungen hin einer Zeit die Gnade des neuen Beginns gewährt wird, die sie dann so selbstverständlich in Anspruch nimmt.
In der Tiefe dieser Gemeinschaft sind die letzten Motive entsprungen, welche das Leben Jener, deren Andenken wir ehren, bestimmt hat.
Damit soll nichts Verstiegenes behauptet sein. Sie waren natürliche Menschen, die ihr Leben kräftig lebten; sich des Schönen freuten, das es ihnen schenkte, und das Schwere trugen, das es ihnen auferlegte. Sie schauten gerade in die Zukunft, zu tüchtigem Werk bereit und auf die Verheißungen hoffend, die in der Jugend liegen. Aber sie waren Christen aus Überzeugung. So standen sie im Raum des Glaubens, und die Wurzeln ihrer Seele reichten in jene Tiefen hinab, von denen gesprochen worden ist. In welcher Weise ihnen die letzten Sinngebungen zu Bewußtsein gekom-

men sind, haben wir hier nicht zu untersuchen. Daß es geschehen ist, und sei es auch durch Verhüllungen und Vermittlungen hindurch, ist gewiß.

So haben sie für die Freiheit des Geistes und die Ehre des Menschen gekämpft, und ihr Name wird mit diesem Kampf verbunden bleiben. Zuinnerst aber haben sie in der Strahlung des Opfers Christi gelebt, das keiner Begründung vom unmittelbaren Dasein her bedarf, sondern frei aus dem schöpferischen Ursprung der ewigen Liebe hervorgeht.

„Es lebe die Freiheit!“

Meine Damen und Herren!

Der Lichthof unserer Universität, dessen Vollendung wir heute feiern, bedeutet mehr als nur den hohen Raum, in welchem Lehrende und Lernende einander begegnen. Er ist eine Stätte ernsten Gedenkens; denn in ihm hat sich, wie Magnifizenz uns soeben in Erinnerung gerufen hat, ein Vorgang zugetragen, der vor fünfzehn Jahren für sieben Angehörige dieser Universität – Professor Kurt Huber, die Studenten Sophie und Hans Scholl, Christoph Probst, Alexander Schmorell, Willi Graf und Hans Carl Leipelt – zum Signal für die tragische Wende ihres Lebens geworden ist.

Von der Brüstung dort oben im ersten Stock haben Sophie und Hans Scholl die Aufrufe abgeworfen, in denen der Kampf ihres Freundeskreises um die Freiheit seinen letzten Ausdruck gefunden hat. Sie wußten, daß darauf die Gefangennahme folgen müsse. Das geschah denn auch, und das Ende für sie alle war der Tod. Ein kleiner Vorgang unter unzähligen anderen in jenen Jahren, die über Deutschland so viel Dunkelheit gebracht haben, weil in ihnen weder Recht, noch Wahrheit, noch Freiheit mehr zu gelten schienen.

So hat die Feier der Vollendung dieses Lichthofs ihren eigentlichen Sinn in der Enthüllung des Denkmals für Jene gefunden, die mit ihrem Leben für das eingestanden sind, was ihnen das Leben lebenswürdig machte – was aber auch die Grundlage für alles das bildet, wofür unsere Universität stehen muß, solange sie ihres Namens würdig sein will.

II

Aus dem Bericht der Schwester erfahren wir, daß die letzten Worte von Hans Scholl vor seinem Tod gelautet haben: „*Es lebe die Freiheit!*" Sie bedeuteten für ihn die Rechtfertigung seines Tuns – für uns sind sie ein Testament, und wir haben zu bedenken, was sie meinen.

Die Worte sind zu einer Zeit gesprochen worden, von deren Druck und Dunkel die heute – ich muß hinzufügen: in Westdeutschland – lebenden jüngeren Menschen keinen deutlichen Begriff haben. Viele Ältere aber haben es vergessen, sonst wäre es um manches anders bestellt. In jenen Worten wurde der Anspruch auf etwas angemeldet, das die Grundlage der ganzen europäischen Existenz bildet: der Anspruch auf die Freiheit – die Freiheit aber Aller, so daß die des Einen an der des Anderen ihr Maß findet.

Sie bedeutet, daß der Mensch die Möglichkeit habe, die eigene Überzeugung zu bilden, sie auszusprechen und nach ihr zu leben; die Gewähr, daß sein Haus unverletzlich sei; das Recht, Arbeit und Beruf zu wählen nach seinem Willen; Eigentum zu erwerben und in dessen Besitz geschützt zu werden.

Das sind elementare Rechte des Menschen; dem mündig Gewordenen so selbstverständlich, daß er sich nur schwer vorzustellen vermag, es könne anders sein. Es sind die Freiheiten, auf deren Verwirklichung die Linie der ganzen europäischen Geschichte zugegangen ist, bis sie sich freilich in der Idee der Autonomie übersteigerte und – eine innere Konsequenz, die gern übersehen wird – in die Knechtschaft der Diktatur umschlug.
Gegen diese haben die Sieben, deren Andenken wir feiern, sich erhoben. Sie haben das Recht des Menschen auf Freiheit angemeldet und sind dafür mit ihrem Leben eingestanden.

III

Mit unserer Besinnung auf die Freiheit müssen wir aber tiefer dringen, denn kaum ein Wort ist mehr mißbraucht und gründlicher verdorben worden als dieses.
Von woher immer man das Wesen der Freiheit bestimmen möge – auf jeden Fall meint sie die zwar vom Denken nicht mehr auflösbare, aber der inneren Erfahrung evidente Tatsache, daß der Mensch nicht nur eine Umsetzungsstelle von Energien, sondern „initium“ ist, Anfang; daß er „Initiative“ hat, im eigenen Innern urspringende Anfangskraft; und daß er deshalb für das, was er tut, in jener besonderen Weise einstehen muß, die „Verantwortung“ heißt. Damit wächst er über alle Weisen hinaus, wie in der Wirk-

lichkeit sonst Energie aktiv wird. Er ist Person; das heißt aber, etwas Großes und Schicksalschweres. Sie kennen die Worte, mit denen der Chor im ersten Auftritt der Antigone den existentiellen Schauder vor diesem Großen ausspricht: „Viel des Unheimlichen ist, doch nichts ist unheimlicher als der Mensch."

Für ein Wesen, das im Zusammenhang der Natur aufgeht, ist eine solche Weise des Bestehens unmöglich. Im Menschen aber ist die Bedingung dafür gegeben, denn er ist auf etwas hinbezogen, das über diesen Zusammenhang steht, ihn sich selbst in die Hand gibt und ihn zugleich an die sittliche Norm bindet: Gott. Er bringt sich im Bewußtsein des Menschen zur Geltung; diese Tatsache, unabtrennbar mit der Freiheit verbunden und ebensowenig wie diese psychologisch oder sonstwie aufzulösen, nennen wir das Gewissen. Es gibt keine Freiheit ohne Gewissen – so wenig es Gewissen, sittliche Verantwortung in einem Wesen geben kann, das nicht frei wäre.

Eigene Meinung und eigenes Wort steht nur dem zu, der sich durch die Wahrheit gebunden weiß. Anspruch auf die Unverletzlichkeit seiner Personalsphäre hat nur, wer die des Anderen achtet. Arbeit und Beruf wählen kann mit Fug nur jener, der darin kein bloßes Mittel sieht, Geld zu verdienen, sondern die Weise, wie er in Verantwortung gegen das Ganze sein Werk tut. Recht auf Eigentum hat nur, wer es redlich erwirbt und das des Anderen anerkennt. Mit einem Wort: als Person existieren kann nur Jener, der, wie Sören Kierkegaard gesagt hat, in sich selbst steht, aber vor Gott.

Sind diese Bedingungen nicht erfüllt, dann wird aus der Freiheit die Willkür. Willkür aber ist Knechtschaft schon in ihr selbst – ob sie dann auch noch äußerlich, geschichtlich, politisch dazu wird, ist nur eine Frage der Umstände.

Sobald dieses Gegenüber aus dem Bewußtsein verschwindet, verschwindet zwar nicht der Freiheitscharakter der Person als solcher, denn er eignet ihr wesensmäßig, als Adel und Schicksal, ob sie ihn will oder nicht; aber er wird gefährlich. Jenes Unheimliche des Menschen, von dem Sophokles spricht, verliert Halt und Norm, und die letzten Jahrzehnte haben gezeigt, wessen er dann fähig wird. Oder aber der Mensch verliert die Glaubwürdigkeit seines Freiheitsanspruchs, die Kraft, ihn gegen die Zwänge des Triebes, des Nutzens und der Macht aufrecht zu erhalten und dann ist er von innen her reif für die Diktatur.

Wir wissen genug über jene, deren Gedächtnis wir feiern, um sagen zu können, daß sie die Freiheit in diesem Sinne verstanden haben. Sie haben das Ethos der Freiheit in einer Großmut und Tapferkeit verkörpert, die den Geist überzeugt und das Herz bewegt. Gewiß, man kann einwenden, sie seien Idealisten gewesen und hätten die Bereitschaft der Durchschnittlichen zum Wagnis überschätzt. Ihnen habe der kühle Sinn für die Realitäten ebenso gefehlt wie die Sicherheit revolutionärer Technik. Vielleicht kommt aber gerade daraus die tragische Lauterkeit ihrer Erscheinung. Sie haben keinen Erfolg gehabt; ihr Unternehmen ist bald an der kalten Maschinerie einer skrupel-

losen Macht gescheitert. So sind sie aber auch nicht in all die Verflechtungen von Lüge und Unrecht geraten, denen jede revolutionäre Tätigkeit auf die Dauer verfällt. Ihr Leben mutet wie ein Lied adeligen Menschentums an; und ich kann Ihnen, meine Kommilitonen, nur raten, das Buch zu lesen, das Inge Aicher-Scholl unter dem Titel „Die weiße Rose“ – so hießen die Flugblätter des Kreises – geschrieben hat. Sie werden fühlen, wie ein Dasein geartet ist, das, um Nikolai Hartmanns Begriff zu gebrauchen, von den Werten des Ungemeinen bestimmt wird.
Weil sie so waren und handelten, ehren wir sie, und halten es für richtig, daß dieser Ehrenerweis in dem Denkmal seinen Ausdruck finde, das heute enthüllt worden ist.

IV

Lassen Sie uns aber noch einmal tiefer gehen – und tiefer nicht so sehr in die Innerlichkeit des Einzelnen, als in die der Geschichte.
Es gibt so etwas wie geschichtliche Prophetie. Darin redet ein Mensch, der die Grundströme des großen Geschehens empfindet und die Richtung sieht, in der sie gehen. So kann es sein, daß er zu einer Zeit, da die Allgemeinheit sich im herrschenden Zustand sicher fühlt, sagen muß, dieser löse sich auf, und eine neue Gestalt des Daseins dringe aus dem Schoß der Geschichte vor. Denken Sie daran, wie Jakob Burckhardt gesprochen hat; oder, in turbulenterer Weise, sein zeitweiliger Kollege an der Baseler Universität, Friedrich

Nietzsche. Als sie lebten, schien die neuzeitliche bürgerlich-rationalistische Ordnung des Lebens in jeder Weise zu gedeihen und der Zukunft sicher zu sein. Sie hingegen sahen, daß die Epoche zu Ende ging und eine neue sich vorbereitete, obwohl sie den Verfall selbst wie auch die neuen Kräfte in verschiedener Weise bestimmten.

Das war offene Prophetie; es gibt aber, glaube ich, auch die verhüllte; und verhüllt nicht nur dem Hörenden, dem das Gesagte unverständlich bliebe, sondern dem Redenden selbst. Er sagt Dinge und vollzieht Handlungen, die mehr enthalten, als ihm selbst bewußt ist. So war es mit dem Wort, das Hans Scholl im Augenblick vor seinem Tod gesprochen hat. Es hat mehr bedeutet als nur den Protest eines großgesinnten Herzens gegen die Gewalt, die in Deutschland herrschte. Ihrem tieferen, ihm selbst noch nicht bewußten Sinn nach richtete sich sein Freiheitsruf nicht nur gegen ein aus Machtbesessenheit und irrer Phantastik lebendes System, sondern gegen eine viel größere Bedrohung, die schon lange unterwegs war. Was damals politisch geschah, bildete die erste Ausdrucksform von etwas, das sich von tieferen Gründen der Geschichte her vorbereitete. Heute sehen wir es – ich will vorsichtiger sprechen: jene sehen es, die sehen wollen. Es ist die Gefahr einer Verknechtung, die aus dem Menschenwerk der letzten Jahrhunderte selbst aufsteigt.

Immer hat sich das, was der Mensch getan hat, auch an ihm selbst ausgewirkt. Besitzen war immer auch ein Besessen-Werden, Macht-Ausüben immer ein

Macht-Erleiden. Doch hat sich die Abhängigkeit noch bis etwa in die Mitte des vergangenen Jahrhunderts zur Freiheit in einer Proportion gehalten, die wir heute als etwas sehr Glückliches empfinden. Diese aber hat sich dann verändert, und zwar wesentlich.

Die Macht des Menschen über die Natur hat sich in objektiven Gebilden von neuer Intensität verdichtet; wir nennen sie Maschinen. Sie stehen, was ihre Funktion wie ihre eigene Herstellung betrifft, unter einander in einem großen Zusammenhang, wir nennen ihn die Technik. Diese beruht auf einer beständig wachsenden wissenschaftlichen Forschung und einer das Leben des Staates wie des Volkes durchziehenden soziologisch-ökonomischen Organisation: wir nennen sie die neue Gesellschaft. Zu ihr gehört das Phänomen der öffentlichen Meinung, sofern diese sich nicht spontan aus dem persönlichen Leben und dem der Gruppen heraus bildet, sondern gelenkt wird: durch Presse, Nachrichtenwesen, Rundfunk, Fernsehen; in Initiativen, Programmen, Interessenvertretungen verschiedenster Art. Parallel dazu das Phänomen des Verkehrs, in Eisenbahn, Schiffahrt, Flugwesen, Motorverkehr samt alledem, was an Organisation, Werbung usw. dazu gehört.

Alle diese Tätigkeiten, Einrichtungen und Gebilde schaffen einen Zusammenhang, der auch den Menschen selbst bestimmt. Das nicht nur, sofern er von diesem entsprechende Leistungen verlangt, sondern er bringt ihn auch in eine seelisch-geistige Haltung, die sich in Maßstäben des Lebenswürdigen und in Ordnungen der Werte ausdrückt.

So entsteht ein überall wirksames Ganzes: eine neue Weltgestalt, die auch eine neue Menschengestalt bedeutet. Daß es aber wirklich um eine solche geht, zeigt sich an einem nicht leicht zu definierenden Moment, in dem wir das charakteristischste Anzeichen einer neuen Epoche und den vielleicht stärksten Faktor ihrer Selbstverwirklichung erkennen, nämlich einem eigenen Stil.

Was Hegel selbst einst die objektive Kultur genannt und als etwas Göttliches angesehen hat, in welchem der Mensch zu seiner Erfüllung gelange, hat sich nun in einer unheimlichen Weise verdichtet und verselbständigt. Es ist aus der menschlichen Initiative hervorgegangen; dann aber hat es sich, und immer entschiedener, in einer objektiven Logik der Probleme, Entdeckungen, Konstruktionen weiter entwickelt, die mit jener der Freiheit und lebendigen Entfaltung des Menschen nicht gleichen Weges geht.
Etwas, das von Anfang an als Möglichkeit in dem gelegen hat, was Menschenwerk, Herrschaft über die Natur, Kultur im weitesten Sinne heißt, aber lange im Ganzen des Daseins ausgewogen war, dringt nun mit beängstigender Konsequenz vor und sucht ein neues Gesetz des Daseins aufzurichten, das lautet: Der Mensch ist nicht frei, sondern steht in den Notwendigkeiten der Werkgestalt, die er selbst geschaffen hat. Er hat sich nach den Ansprüchen dieser Werkgestalt zu richten. Seine persönliche Struktur hat sich ihnen anzupassen. Ja er muß überhaupt – wie das Phänomen der Kybernetik nahezulegen scheint – von der

rational erdachten und technisch herstellbaren Apparatur her verstanden werden. Und ein Begriff bildet sich, der das Einfachhin-Verbotene ausdrückt und jeden Versuch der Persönlichkeit meint, ihr Wesen, ihren Willen, ihr Erleben zur Geltung zu bringen, weil er die Funktionen, das heißt aber, die Herrschaft des Apparates stört: der Begriff der Sabotage.

Von dieser Unfreiheit bildet die totalistische Staatsordnung den deutlichsten Ausdruck. Doch dürfen wir uns keinen Illusionen hingeben: Auch jene Lebensformen, die ihrer Idee nach auf der Freiheit ruhen, drohen sich immer mehr auf die Einebnung der Persönlichkeit hin zu bestimmen. Sprechen wir es mit einem Schlagwort aus: Es gibt einen Totalismus von oben herab, aber auch einen von innen heraus. Wer genau zusieht, entdeckt in dem angeblich so freien Leben der Demokratien die bedenklichsten Anzeichen eines indirekten, durch das Gefüge der technischen Kultur selbst sich auswirkenden Zwanges. Statt der umfassenden Momente, die hier genannt werden könnten – der uniformierenden Wirkung der technischen Methoden, des Ethos der Gruppenbildung, der Entwicklung der Bürokratie, der Beeinflussung der öffentlichen Meinung usf. – nenne ich nur ein einzelnes, aber besonders erhellendes: den wissenschaftlich durchdachten Griff der Wirtschaft nach dem Unbewußten des Menschen. Sie untersucht die Weisen, wie scheinbar unbemerkte Anstöße der Reklame in die innere Motivation aufgenommen werden und entwikkelt sie zu einer Technik beständiger, vom Betroffenen selbst nicht bemerkten Einflußnahme. Wer fähig ist, Symptome als solche zu verstehen, sieht, was da vor sich geht.

V

So ist es Zeit – höchste Zeit –, daß der verhüllte Sinn jenes prophetischen Rufes verstanden, und der Kampf um die Freiheit auch auf dieser Front proklamiert werde.
Er wird aber nicht durch äußere Aktionen geführt, denn der Feind kommt ja aus dem Innern des heutigen Menschen, der wir alle sind. Gewiß sind auch äußere Maßnahmen wichtig: Regelung der Arbeitszeit, rechtlicher Schutz für die persönliche Sphäre, Möglichkeiten der Erziehung und geistigen Bildung usf. Das Eigentliche kann aber nur von innen her geschehen, und es wird nichts Kleines sein, das zu leisten – zu erkennen, daß es des Menschen Schicksal überhaupt ist, worum es geht: ob er der Herr seines eigenen Werkes bleibt, oder dessen Funktionär wird.
So muß er sich in sich selbst stellen. Er muß sich den Raum der persönlichen Vorbehaltenheit schaffen und das Andringen der Öffentlichkeit von ihm abwehren. Muß die menschlichen Urbindungen wieder als heilig erkennen und sie wahren. Muß willens sein, nicht dem zu erliegen, was ‚man' tut, man haben und sehen muß. Eine Mauer in sich aufrichten gegen die Flut der öffentlichen Beeinflussungen durch Reklame, Nachrichten, Rundfunk usw. Und – nicht zu vergessen – aus seinem geistigen Haushalt jenes Narkoti-

kum ausräumen, mit dem jeder, der kein Problem sauberer Kulturkritik zu Ende denken will, sein Gewissen zum Einschlafen bringt, nämlich den Glauben an den allgemeinen Fortschritt.

Ich wünsche sehr, meine Damen und Herren, das Gesagte möge nicht mißverständlich gewesen sein. Was es gemeint hat, war keine moralistische Ermahnung, und noch weniger eine Romantik irgendwelcher Art. Die Zeit des Individualismus ist vorbei; man kann ihn nicht künstlich nacherzeugen. Wir stehen in der Epoche der überindividuellen Zusammenhänge und haben in ihnen unser Werk zu tun. Die Aufgabe ist groß und wert, verwirklicht zu werden. In ihr geht es – ich sprach bereits davon – um nicht weniger als um eine neue Weltgestalt; man fühlt die Energien, die am Werk sind, geradezu körperlich. Es ist aber ein Unterschied, der alles entscheidet: ob der Mensch von ihnen zum bloßen Maschinen-Element gemacht wird, oder ob er sich in seiner eigenen Mitte verwurzelt und seinen ihm zugehörigen Lebensbereich schafft.
Auch ist es gut, auf eine Schwierigkeit aufmerksam zu werden, die hier besteht. Ich glaube nämlich, daß im Lauf der neuzeitlichen Entwicklung mit dem Menschen etwas Eigentümliches vor sich gegangen ist. Diese Entwicklung hat im Anspruch auf die Autonomie gegipfelt; das heißt auf die radikale Selbstherrlichkeit des Menschen im Denken, Handeln und Schaffen, bis zu solchen verstiegenen Formen, wie sie sich im ‚Eigentum des Einzigen' von Max Stirner, oder in der ‚verzweifelten Freiheit' des Existenzialismus

darstellen. Der Anspruch war zutiefst unwahr, denn der Mensch ist nicht autonom. Indem er aber diese Autonomie durch lange Zeit hin zu verwirklichen suchte, muß in ihm etwas geschehen sein, ohne das man die Vorgänge der letzten drei Jahrzehnte nicht verstehen kann: er muß sich überanstrengt haben, so lange und so bis ins Innerste hinein, daß diese Überanstrengung zu einem geschichtsbestimmenden Faktor wurde. Der nach-neuzeitliche Mensch erlitt einen existentiellen Kollaps. Dessen Wirkung war, objektiv gesprochen, die Diktatur; subjektiv aber der Wunsch, der eigenen Verantwortung entlastet, das heißt, von der Diktatur, der direkten oder indirekten, überwältigt zu werden.

So nimmt heute der Ruf *„Es lebe die Freiheit!“* eine neue Bedeutung an. Er wird zum Ausdruck einer tieferen Gefährdung als jene es war, aus der er damals gekommen ist. Den Ruf zu hören und ihm zu folgen, heißt, zu einem schwierigen Unternehmen bereit zu sein.

VI

Man könnte aber daran zweifeln, ob es einen Zweck hat, Forderungen dieser Art zu erheben. In unserem gehälfteten, zwischen politische Machtblöcke eingesperrten Land bekommt man nämlich oft einen beunruhigenden Eindruck: als ob der Deutsche – sagen wir genauer: der Westdeutsche – im Begriff sei, sich in ein geschichtsloses Dasein hineinzugewöhnen. Nun gibt es ja Gründe, die dazu ein Recht zu geben scheinen. Vor allem die Tatsache, daß hinter uns ein ungeheuerliches Unternehmen liegt, Geschichte nicht nur zu schaffen, sondern zu erzwingen: der vergangene Krieg. Was ihn getragen hat, war ein Handeln ohne echten Auftrag aus der Vergangenheit her; ohne Sinn für das Mögliche; ohne alles das, was die Griechen die Scheu vor den Göttern nannten. Das hat zu einem Zusammenbruch geschichtlichen Daseins geführt, wie er sich in Deutschland trotz des Dreißigjährigen Krieges noch nie ereignet hat – um so tragischer, als ja doch an sich die Voraussetzungen zu einem zukunftformenden Handeln gegeben waren, nämlich dafür, Europa, und in ihm das Feld kommender Geschichte zu schaffen.

Die Anstrengung dieses Unternehmens hat eine tiefe seelische Ermüdung hervorgebracht, über die uns kein Aktivismus hinwegtäuschen darf. Sie verbindet sich mit jener anderen, zentraleren Überanstrengung, von welcher die Rede war und die bewirkt, daß man sich weithin vom Geschichtlichen abwendet und auf das Außergeschichtliche zurückzieht: auf Kultur, Technik, Gelderwerb und Lebensgenuß. Eine Selbsttäuschung, als wäre nichts geschehen, was doch geschehen ist; als könne man in einem ausgesparten Raum „Wunder" des Aufbaus und der Wirtschaft und wovon sonst noch hervorbringen, ohne daß die Wahrheit Rache nimmt.
Sie wenden vielleicht ein, es werde doch soviel geredet und geschrieben; die Politiker führen mit so mäch-

tigen Affekten, oder doch wenigstens Worten auf einander los; Wissenschaftler, Vertreter von Gruppen und Organisationen erhüben so laute Rufe der Warnung, des Protestes, der Anklage – und das solle ein ungeschichtliches Verhalten sein?

Ich will den Ernst, der sich in manchen dieser Äußerungen kundtut, gewiß nicht bezweifeln. Worum es aber eigentlich geht, liegt tiefer. Das geschichtsgerechte Verhalten, das hier gemeint ist, würde damit beginnen, daß wir die Situation, in der wir uns befinden, zu verstehen suchten. Tun wir das? Sehen wir, wie sie sich gebildet hat? Welche Handlungen, welche Unterlassungen, welche Gesinnungen zu ihr geführt haben? Sind wir überhaupt willens, zu erkennen, wie es zu alledem kommen konnte, was geschehen ist? Zu all dem Furchtbaren, von welchem die letzten Prozesse so Unerträgliches offenbar gemacht haben? Der Eindruck geht dahin, daß der Frage ausgewichen wird. Oder bekommt, wer sie stellt, nicht immer wieder die Antwort: Laß das doch ruhen! Geschehen ist geschehen! Wir wollen leben und arbeiten und genießen! Ist es nicht so?

Uns ist für aktive geschichtliche Initiative kaum Raum gelassen. Wollen wir also nicht ins Außergeschichtliche abgleiten, dann müssen wir uns wenigstens der Aufgabe stellen, redlich und energisch das Geschehene zu prüfen. Daraus wird das Künftige reiner und richtiger hervorgehen.

Wozu wir aber in der uns auferlegten Geschichtsstille vor allem gerufen sind, ist die Durchdenkung der großen, vorhin gestellten Fragen:

Die Weltgestalt, die werden will, ist gewaltig. Wie sie sein wird, beginnen wir erst zu ahnen. Einstweilen sehen wir von ihr nur einzelne Grundlinien, hier und da ein Profil, manchmal einen Zusammenhang. Ihre Verwirklichung wird nicht nur unabsehliche Arbeit, sondern auch große Opfer kosten, und das ist in Ordnung. *Ein* Opfer aber darf sie *nicht* kosten, sonst hört sie auf, menschliche Weltgestalt zu sein: das der Freiheit.

Wie müssen dann die großen, überindividuellen Formen des Arbeitens und Lebens gestaltet werden, damit das Eigenleben der Person bestehen und sich entwickeln könne? Und das nicht nur ‚eben noch', sondern als ausdrücklich bejahter Gegenpol des Überpersönlichen? Die Form der Zukunft wird auf einer Durchdenkung und Durchordnung der als ganzes gesehenen Existenz der Nation – und hinter ihr Europas – ruhen müssen. Wie sieht aber dann, im Unterschied zum mechanischen Totalismus des materialistischen Systems, das die Person verneint, jene Ordnung aus, welche sie als unverlierbaren Gegenpol der Ganzheit weiß? Hier liegt die echte, lebendige Dialektik, die nicht künstlich konstruiert, sondern im Dasein selbst begründet ist.

Wie sieht die Haltung aus, in welcher diese Dialektik sich ausdrückt? Welches Ethos ergibt sich aus ihr? Wie werden die einzelnen Formen des Lebens sein müssen, die aus ihr hervorgehen? Und so fort.

Wenn es einen Ort gibt, meine Damen und Herren, an welchem diese Probleme durchgedacht und die aus ihnen sich ergebenden Forderungen in die Gesinnung aufgenommen werden können, dann ist das die Universität.

Die Ehrung, die wir den Menschen erweisen, die damals um der Freiheit willen ihr Leben gegeben haben, wird zu einer bloßen Geste, wenn wir nicht auch zu erkennen suchen, wo die Forderung der gleichen Freiheit für uns liegt, und bereit sind, sie zu erfüllen.

Verantwortung. Gedanken zur jüdischen Frage

I

Erlauben Sie mir, mit einem Geständnis zu beginnen. Ich hatte schon öfter die ehrenvolle Aufgabe, außerhalb der Vorlesungen vor der Studentenschaft dieser Universität zu sprechen. Dabei bin ich gewiß manchmal, wenn der Gegenstand schwierig war, mit Herzklopfen an das Pult getreten; unter aller Unruhe war aber immer etwas Freudiges: ich wußte mich mit meinen Hörern im sicheren Einvernehmen gegenüber der gleichen Wahrheitspflicht. So war ich gewiß, was ich zu sagen hatte, würde in ihrem Geiste gehört und beurteilt werden. Beim heutigen Vortrag ist es etwas anders. Ich habe ihn nicht gern übernommen. Ich hatte sogar schon abgelehnt; dann aber hat mir das Gewissen keine Ruhe gelassen, bis ich mich der Aufgabe zur Verfügung gestellt hatte.

Der Grund aber, der mich abhalten wollte, war dieser: Ich fürchtete, was ich zu sagen hätte, werde in jenen Raum geraten, der für die Erkenntnis der Wahrheit der allerungünstigste ist, nämlich den der politischen Affekte – dazu noch solcher, die durch geschehenes Unrecht vergiftet sind. Dann würde es nicht in der Haltung aufgenommen werden, welche fragt: ist das wahr? ist die Wirklichkeit getroffen? ist sie richtig gedeutet? – will sagen, jener Haltung, durch welche der Geist in die Offenheit der Erkenntnisbereit-

schaft tritt. Vielmehr mit Gefühlen der Abwehr und Abneigung; mit dem Willen, zu rechtfertigen oder anzuklagen – in jener Haltung also, die nicht erkennt, sondern kämpft.
Dann aber würde jedes Wort von vornherein falsch gehört werden, und alles wäre vergeblich.

Wenn die Universität einen geistigen Sinn hat, dann jenen, die Stätte zu sein, wo nach der Wahrheit gefragt wird. Nach der reinen Wahrheit; nicht um eines Zweckes, sondern um ihrer selbst willen; deswegen, weil sie Wahrheit ist.
Dieser Geist muß seinen Ernst besonders dann bewähren, wenn es sich um Dinge handelt, welche die Instinkte der Selbstbehauptung wecken – ob das nun individuelle oder solche der Gruppen und Aktionen sind. Dann muß er sich von diesen Instinkten freimachen für die reine Frage nach dem, was ist. In dieser Probe zeigt es sich, ob einer wirklich zur Universität gehört oder aber nur Berechtigungen holen will.
So bitte ich Sie, die Frage, die ich Ihnen vorzulegen habe, in diesem Geiste durchzudenken – und nehmen Sie die Tatsache, daß Veranlassung zu dieser Bitte besteht, als ein Moment, welches in das Phänomen, das uns beschäftigen soll, mit hineingehört.
Welchen Charakter die Gegenüberstellung „Antisemitismus – Philosemitismus" auch haben mag – hier müssen wir aus ihr vollkommen heraustreten.
Wie wir hier die Frage stellen wollen, hält sie sich über solchen Gegensätzen auf der Ebene des wesenhaft Menschlichen. Sie will wissen:

Was bedeutet jener Tatbestand, um den es geht, für den Menschen – also auch für uns?
Was bedeutet er für die Geschichte – also auch für die unsrige, für die Entscheidungen, in denen wir stehen?
Diese Frage muß in dem gleichen Geiste gestellt und beantwortet werden, der unsere Arbeit in den Vorlesungen, in den Seminaren, in den Instituten bestimmt.

II

Worin besteht der Tatbestand, um den es sich hier handelt?
Darin, daß eine große Anzahl von Menschen, die keine Schuld auf sich geladen hatten, um Ehre, Eigentum und Leben gebracht worden sind.
Ein Teil von ihnen gehörte außerdeutschen Staaten an: Polen, Frankreich, Holland und so weiter. Was diesen geschah, ging, vom menschlichen Maßstab ganz abgesehen, gegen das elementarste Völkerrecht.
Andere waren Bürger des deutschen Staates, standen also zu ihm im Verhältnis von Recht und Pflicht. Sie wurden eben durch diesen Staat entehrt, beraubt, mißhandelt, getötet.
Die Zahl war sehr groß. Ich will keine Ziffern diskutieren; ernsthafte Statistiken sprechen von fünf bis sechs Millionen. Auf jeden Fall war sie so groß, daß der Vorgang im unmittelbarsten Sinne das Ganze, die „res publica“ ergriff.
Man könnte erwidern, in diesen Dingen spiele die Zahl überhaupt keine Rolle. Geschehe dergleichen auch nur

einem einzigen Menschen, dann geschehe im Wesen das nämliche, als wenn es sich um Millionen handle. Das wäre richtig; trotzdem begründet die große Zahl einen Unterschied. Durch sie wurde offenkundig, *daß es um Staat und Volk als solche ging; um die Weise, wie der Staat sich selbst und wie er sein Verhältnis zum Volk verstand.*

Dazu kam etwas anderes, und das ging über alles nur Quantitative hinaus ins Wesenhafte.
Die angeführten Handlungen sind nicht im Affekt oder in der Bedrängnis großer Gefahr geschehen. Sie sind vielmehr aus einer Theorie hervorgegangen, die genau durchdacht und zum Programm erhoben war. Und sie sind in systematischer Weise vollzogen worden; durch eine nach allen Seiten hin ausgebaute Apparatur der Aufspürung, Ergreifung und Vernichtung jener Menschen, auf die es abgesehen war.
Ich hoffe, meine Damen und Herren, niemand von Ihnen wird antworten, wie es in politischen Versammlungen oder in Kinos oder auf der Straße geschehen ist: das alles sei Propaganda. Wer so antwortete, stünde nicht mehr im geistigen Raum der Universität, sondern in jenem der Agitationsversammlung. *Diese Dinge sind geschehen, und jeder, der wissen will, weiß es heute.*
Damit ist nichts darüber gesagt, wie weit der Einzelne damals um sie gewußt hat; wie weit sie der Allgemeinheit bekannt waren, wie weit jeweils die Zustimmung, die Mithilfe und daher die Verantwortung ging. Davon sprechen wir hier nicht. Zweifellos haben vie-

le davon nichts oder nur Unbestimmtes gewußt – wenigstens so lange, als noch irgendeine Möglichkeit der Einflußnahme bestand. Ebenso zweifellos haben viele die Vorgänge verurteilt und getan, was in ihrer Macht lag, um den Betroffenen zu helfen. Darum handelt es sich hier aber nicht. Hier handelt es sich nur um die Tatsache, daß im Rechtsbereich des deutschen Staates, im Lebensbereich des deutschen Volkes jene Dinge geschehen sind.
Was bedeutet diese Tatsache?

Die Universität – ich muß immer wieder auf sie zurückkommen, denn sie gehört in das Problem, wie es uns gestellt ist, hinein – ist der Ort, wo die Angelegenheiten der Menschheit überhaupt und des eigenen Volkes im besonderen zu Bewußtsein gelangen. Wo das, was im großen Sinne „Tradition" heißt, nämlich der Zusammenhang des menschlichen Ringens und Schaffens, der geschichtlichen Schicksale und Entscheidungen, verstanden und die Verantwortung, die daraus kommt, aufgenommen wird. Wie erscheint das Geschehene, wenn wir es vor das Urteil dieser Tradition stellen?
Lassen wir uns einmal nahe kommen, was Namen wie folgende bedeuten – und ich nenne sie aufs Geratewohl: Planck und Helmholtz; Mommsen und die Brüder Grimm; Goethe und Hölderlin; Mozart und J.S. Bach; Leibniz und Pascal; Raffael und Erwin von Steinbach; Gottfried von Straßburg und Dante; Augustinus und Platon, Aischylos, Heraklit und Homer – und ergänze jeder selbst die Reihe durch die Namen sol-

cher, die ihm durch Erkenntnis oder Kunst, durch schöpferische Tat und vornehmes Sein verehrungswürdig erscheinen ... Was würden diese Menschen sagen, wenn wir das Geschehene vor sie brächten? Wie würden unter ihren Augen wir selbst es empfinden?

Denn die Geister, von denen die Geschichte der Forschung, der Kunst, des Rechts, der Weisheit und der religiösen Erfahrung berichtet, sind ja nicht dafür da, daß über sie Bücher geschrieben und mit dem Wissen von ihnen Examina gemacht werden! Sie haben Normen deutlich gemacht, nach denen beurteilt werden soll, was recht und was unrecht ist. Sie haben Rangordnungen herausgehoben, in denen sich erweist, ob etwas edel oder gemein ist. Sie lehren uns die geistigen Gesetze erkennen, nach deren unerbittlicher Gültigkeit geschichtliches Handeln im letzten fruchtbar wird oder zerstört. Was würden diese Menschen sagen, wenn wir ihnen berichteten, was da geschehen ist?

Ich glaube, sie würden uns mit fassungslosem Entsetzen ansehen. Und unter ihrem Blick würden wir uns fragen: Wo war damals das Gewissen? Wo war die Ehre? Ja, wo war – wenn wir unter dem Wort mehr verstehen als bloßes Begriffswerk – wo war da die Vernunft?

Diese Persönlichkeiten würden sich fragen: „Was war das, was da geschah? Wo kam es her? Wie konnte es geschehen? Was für Menschen waren das, durch die es geschehen ist?"

Und sie würden auf die Frage vielleicht so antworten: „Hier ist etwas aus den dunklen Urgründen des Menschen heraufgekommen: der Barbar, das Tier im Menschen. Hier hat sich gezeigt, wie wenig die Aufgabe, an welcher wir gearbeitet haben, vollendet ist; wie furchtbar die Mächte des Chaos und der Zerstörung noch sind."

Vielleicht wären sie sogar in ihrem Glauben an die Lösbarkeit dieser Aufgabe erschüttert worden. Ein Dante etwa oder ein Heraklit oder sonst einer von den Großen des tragischen Geistes hätte vielleicht gesagt: „Ein Menschengeschlecht, aus welchem nach Jahrtausenden des Ringens um Gesittung und Adel derartiges kommen konnte, ist heillos, und das Reden von Kultur hat keinen Sinn."

Man könnte sich aber auch denken, daß manche von ihnen noch anders geantwortet hätten. Ein Pascal zum Beispiel, der bereits geahnt hat, wohin die Rationalisierung der Neuzeit führen könne; ein Goethe, dem es vor der Herrschaft des Technischen gegraut hat; ein Jacob Burckhardt, der die Hoffnung aufgegeben hat, der modernen Menschheit könne überhaupt noch eine des Menschen würdige Zukunft offenstehen – sie wären wach genug gewesen, um zu empfinden, daß hier etwas anderes geschehen ist, als wenn ein primitiver Volksstamm sich im Vernichtungsrausch austobt oder als die Hunnen Europa verwüsteten. Ihnen würde deutlich geworden sein, daß sich hier die Instinkte der Tiefe unmittelbar mit Ratio und Technik verbunden haben und damit *etwas heraufgekommen ist, das es bis dahin noch nicht gegeben hat: die Einheit von Unmenschlichkeit und Maschine.*

Blicken Sie einmal auf das geschichtliche Handeln vor 1917 – das heißt also vor dem Ausbruch der bolschewistischen Revolution – und dann auf das, was nachher folgte. Prüfen Sie die Vollzugsform, den ganzen menschlich-sachlichen Charakter dessen, was da im Osten geschehen ist und immer weiter geschieht; was sich zwischen 1933 und 1945 in Deutschland ereignet hat; was in China zur letzten Konsequenz zu gelangen scheint – was zeigt sich da?
Da geht es nicht mehr um Kampf, sondern um Ausrottung. Da werden nicht nur Gegner besiegt und neue Machtverhältnisse gesichert, sondern ganze soziale Schichten, ganze Volksteile vernichtet. Und nicht in der Leidenschaft entfesselten Hasses, sondern aus politisch-sozialen Programmen heraus. In kalter Überlegung wird bestimmt: die und die ökonomischen, soziologischen, ethnologischen Gruppen haben nicht mehr zu existieren. Nicht, weil sie Unrecht getan hätten. Sie können vortreffliche Menschen sein, ja gerade dann – ich erinnere etwa an die Antwort, die, wenn ich mich recht entsinne, Maxim Gorki bekam, als er einen Gutsbesitzer zu retten suchte, da dieser gerecht und hilfreich gewesen sei: gerade weil er das gewesen, müsse er verschwinden, denn dadurch sei sein politisches Gewicht größer! Auch nicht, weil ihre Leistung schlecht gewesen wäre. Sie kann von höchstem Range sein – der totalitäre Staat lebt ja doch aus dem Leistungsertrag jener, gegen die er sich wendet. Nein, sondern weil die politische Macht sich berechtigt glaubt, über den Menschen einfachhin zu verfügen.
Der Autonomismus des neuzeitlichen Staates, der bis

dahin immer noch von bewußten oder unbewußten Ehrfurchtshaltungen vor dem Menschen beziehungsweise einer transzendenten Hoheit gezügelt war, wirft alle Hemmungen ab und entscheidet über das Unantastbare: das Recht des Menschen zu existieren. Er verfügt über ihn einfachhin. Nun zählt weder Recht noch Unrecht. Nichts Göttliches noch Menschliches kommt mehr in Betracht. Nur die machtpolitische Erwägung: dieser Mensch, diese Gruppe sind dem Staatswillen hinderlich – sie müssen verschwinden. Darauf folgt dann „die Maßnahme", und sie wird in vollkommener Kälte, in immer größerer Rationalität und mit immer präziserer Technik ausgeführt.

Das ist neu. Das hat es vor jenen Daten als Faktor des Geschichtsganzen nicht gegeben.

Es hat Anläufe dazu gegeben; Handlungsweisen, in denen der politische Wille über die Tatsache, daß es sich um Personen mit Recht und Würde handelt, hinweggegangen ist. Denken wir an die Proskriptionen der römischen Bürgerkriege, an Sizilianische Vesper und Bartholomäusnacht, an die Vernichtungsaktionen der Französischen Revolution, die Niedermetzelung der Armenier und der Maroniten nicht zu vergessen. Diese Aktionen waren furchtbar; in ihnen gelangte aber das Phänomen noch nicht zu seiner vollen Deutlichkeit und Wirksamkeit.

Das geschieht erst jetzt: Die politische Rechnung des Staates verbindet sich mit der Technik – das Wort im weitesten Sinne für wissenschaftlich ausgebaute Apparatur genommen – und geht über jede durch göttliche Hoheit und menschliche Würde gezogene Grenze hinweg. Jede Achtung vor Wahrheit und Gerechtigkeit, vor gegebenem Wort und erworbenem Anspruch, vor Gewissen und Überzeugung wird weggetan, und zwar grundsätzlich. Lebensrecht und Glücksanspruch des Menschenwesens, Not und Leiden werden wesenlos. Der Mensch wird nur als etwas gesehen, das Wirkungen hervorbringt, nützliche oder schädliche, und seinen Sinn ausschließlich in diesen Wirkungen hat. *Hierin liegt das furchtbar Neue*. Nicht einfach schon im sittlichen Unrecht, dem Gewaltgeist, der Grausamkeit – das hat es früher auch schon gegeben. Aber es hat sich immer noch irgendwie innerhalb des als Norm anerkannten Menschlichen ausgewirkt. Die neue Haltung überschreitet die Grenze. Sie streicht die Persönlichkeit des Menschen aus. Sie tritt jenseits von Gut und Böse und erreicht damit etwas, das noch furchtbarer ist als das Böse. Das unter keine Kategorie mehr fällt, weil es die Ansatzstelle jeder ethischen Kategorialität, nämlich die Person, grundsätzlich auslöscht.

Sie nimmt den Menschen als Sache. So vermag sie sich auch mit der objektivierten Sachlichkeit, nämlich der Maschine, zu verbinden. Durch sie wird mit dem Menschen sachhaft, als mit einem bloßen Objekt, verfahren. Jetzt heißt es nur: Er ist Bourgeois; er gehört dieser Volksgruppe an; er hat – wie kürzlich von chinesischen Aktionen zu lesen war – diese Schule besucht, darum muß er weg. Er hat keinen Anspruch auf irgendein Recht, weder der Ehre, noch der Überzeugung, noch der Freiheit, noch des Lebens, keines.

Er ist nur Ding.
Diese Art zu denken und mit dem Menschen umzugehen; dieses Ausstreichen jedes menschlichen Anspruchs, verbunden mit den Methoden exakter Rationalität und technischer Präzision – das ist der neue Faktor der Geschichte.
Das ist die Gefahr, die droht, tiefer, zerstörender als alle Atombomben und Bakterienwaffen zusammen. Auf sie richtet sich jenes Grauen, das unter allen einzelnen Ängsten heraufdringt: vor der offen bejahten, rational begründeten, mit allen Mitteln administrativer und maschineller Technik arbeitenden Unmenschlichkeit.

Das alles ist nicht aus dem Leeren gekommen. Eine lange, im Beginn der Neuzeit ansetzende Entwicklung führt darauf zu. Nicht in dem Sinne, daß es sich mit Notwendigkeit ergäbe, solche Notwendigkeiten gibt es nicht. Der Begriff der notwendig ablaufenden historischen Prozesse ist selbst schon ein Mittel totalitärer Staatstechnik. Er ist falsch, nein, er ist unsittlich. Alle, auch die umfassendsten geschichtlichen Vorgänge beginnen mit personalen Entscheidungen, und diese sind frei. In allen, auch den mächtigsten Vorgängen bleibt die Freiheit, sich der wirkenden Tendenz zu ergeben oder ihr zu widerstehen; sie im positiven oder im negativen Sinne zu verwirklichen. Wohl aber zeigt sich eine Tendenz zu einer solchen Auffassung staatlichen Handelns, und wir haben alle Veranlassung, uns ihrer bewußt zu werden. Verschiedene Momente wirken zusammen, um sie zu erzeugen.

Vor allem werden die wirtschaftlichen, sozialen, technisch-kulturellen Aufgaben immer gewaltiger. Sie übersteigen die Möglichkeiten des individuellen Handelns – um so mehr, als immer deutlicher das globale Wirkfeld hervortritt und es daher immer dringlicher wird, die verschiedenen Initiativen zueinander in Beziehung zu setzen.
Dazu kommt die weitere Tatsache, daß die sachlichen wie menschlichen Gegebenheiten immer verfügbarer werden. Die verschiedenen Techniken der Kenntnisnahme; die Bewußtwerdung der Wirklichkeiten, die es gibt, und der Möglichkeiten, die in ihnen liegen; der Apparat der Verwaltung, der sich dieser Möglichkeiten bemächtigt, und der öffentlichen Macht, welche das Private verdrängt – alles das wird immer stärker und genauer. So wird es immer leichter, Menschen und Dinge zu beherrschen, und das Bild einer einheitlichen Initiative tritt immer suggestiver ins Bewußtsein.
Diese Initiative verbindet sich immer selbstverständlicher mit dem Begriff des Staates. Er erscheint als ihr gegebener Träger. Der neuzeitliche Autonomismus, wonach jeder Kulturbereich sich aus seinen eigenen Gesetzen heraus aufbauen soll, treibt den Staat, zum restlosen Staat zu werden: zur Organisation aller politischen Macht; zum Subjekt jedes geschichtlichen Handelns. Er fühlt sich souverän sogar vor den sittlichen Maßstäben. So entsteht eine Handlungsform, die scheinbar rein sachlich, in Wahrheit aber normlos ist.
Und endlich: Das Bewußtsein einer göttlichen Hoheit, vor welcher das geschichtliche Tun Rechenschaft

abzulegen hat, und in deren Bereich das irdische Dasein erst seinen letzten Sinn findet, verblaßt. Damit ist nicht gesagt, daß die Einzelnen irreligiös würden; aber das öffentliche Bewußtsein als solches sieht immer mehr von einer religiösen Orientierung ab. Es zieht sich auf das Innerweltliche zurück und preßt das ganze Dasein ins rein Irdische zusammen.

Aus alledem entsteht die Vorstellung, der Staat müsse zu seiner das ganze Leben erfassenden und formenden Initiative freie Hand haben.

Damit ist – noch einmal zu betonen – durchaus nicht gesagt, diese Initiative müsse sich im totalitären Sinne verwirklichen. Im Gegenteil, hier ist die Entscheidung unserer geschichtlichen Stunde gestellt: ob diese äußerste Handlungsfähigkeit sich selbst als bloße Machtleistung oder aber als sittliche Aufgabe versteht. Die Vorstellung, der Staat habe keine Normen über sich, sondern handle nach rein politischer Zweckmäßigkeit, hat aber eine ungeheure Verlockungskraft. Und wir haben allen Anlaß, zu prüfen, wie weit das neuzeitliche Denken bis in die Gipfel der philosophischen Theorie hinauf dieser Versuchung erlegen ist. Und das nicht nur in Europa – und in Europa nicht nur in Deutschland. Es ist beunruhigend, wie sehr man in anderen europäischen Ländern und außerhalb Europas geneigt ist, sich vor dieser Gefahr immun zu fühlen und das, was in Deutschland geschehen ist, als ein bloß deutsches Unrecht und Unheil anzusehen. Das könnte zur Blindheit werden und eine Staatshaltung entstehen lassen, die scheinbar demokratisch, in Wahrheit aber doch totalitär wäre.

III

Aus dem Gesagten heraus bekommt der Vorgang, von dem wir sprechen, seine eigentliche Bedeutung. Sehen wir von anderen Ländern ab; bleiben wir bei uns. In den Jahren 1933 bis 1945 ist diese Art des politischen Denkens und Handelns zum erstenmal mit, ich möchte sagen, phänomenologischer Klarheit und Selbstsicherheit hervorgetreten.

Im Bereich Ihrer persönlichen Erfahrung ist Ihnen sicher schon einmal folgendes aufgefallen: Da waren in einem bestimmten Zustande – einer Freundschaft, einer Familie, einer Betriebsgemeinschaft – gewisse Tendenzen wirksam; sie traten aber nicht deutlich in Blick und Gefühl, sondern blieben gleichsam diffus oder anonym oder wie man diese starke, aber nicht zu fassende Wirksamkeit bezeichnen will. Dann ereignete sich irgend etwas – ein Unglück, ein Streit, oder was immer – daran verdichtete sich das undeutlich Wirkende und trat ins klare Bewußtsein. Der Vorgang hatte den Charakter eines Symbols, das aufhellte, was im ganzen Zustande vor sich ging ... Entsprechendes kann sich auch im Raum der Gesamtgeschichte ereignen. Ein solches war zum Beispiel die Explosion der Atombombe über Hiroshima. Von ihr ab war es nicht mehr möglich, zu übersehen, was „Technik" in Wahrheit bedeutet: nämlich ebensoviel Bedrohung wie Förderung. Wer seitdem noch von einem gesicherten Fortschritt als Inhalt des Geschichtsganges spricht, ist blind oder will nicht sehen.

Ein solches, die geschichtliche Stunde aufhellendes

Symbol war auch die systematische Ausrottung der Juden. In ihr ist nicht nur das Verhältnis von Recht und Pflicht, auf welchem jedes Staatsleben ruht, gebrochen, sondern *es ist grundsätzlich jedes Recht aufgehoben worden. Denn Recht besteht absolut, für jede Person als solche, oder es besteht überhaupt nicht.* Ein ganzer Volksteil wurde zum bloßen Objekt eines Verfahrens degradiert. Dieses Verfahren war mit vollem Bewußtsein auf die Ausrottung ausgerichtet. Und wenn es auch seine äußerste Verschärfung erst von einem bestimmten Zeitpunkt ab erfuhr, während des Krieges, als bestimmte Kreise die innenpolitische Führung in die Hand bekamen, so ruhte es doch auf einer vom Staat zur offiziellen Doktrin erhobenen Lehre.
Sehen Sie die Bedeutung des Vorgangs?

Vor allem die eines nicht zu ermessenden Unrechts? In keiner Weise kann das, was da geschehen ist, mit der Vernichtung des Feindes im Krieg oder der Beseitigung des Verbrechers durch die Todesstrafe verglichen werden. Man betrügt sich selbst, wenn man es unter diese Begriffe bringt. Es ist etwas ganz anderes. Es ist ein Vorgang, der nur unter den Begriff des Verbrechens fällt – deshalb, weil hier von einem ethisch-rechtlichen Prinzip überhaupt keine Rede sein kann. Weil die Handlung sich nicht gegen das Vergehen eines Menschen richtet, um es zu bestrafen; oder gegen sein Verhalten, weil es die Allgemeinheit gefährdet, sondern gegen seine Existenz als solche.
Dieser Vorgang wächst aber über das Faktische hin-

aus ins Grundsätzliche, *denn er wird zum Vorbild jenes staatlichen Verhaltens, von welchem die Rede war.* Dadurch wird gesagt, daß der Staat nichts mit Recht zu tun habe. Daß er Staat bleibe, auch wenn er solche Dinge tue. Und daß er daher jederzeit wieder ein solches Verfahren anwenden und jeder Volksteil, welcher der die Staatsapparatur beherrschenden Gruppe „unerwünscht“ scheint, davon betroffen werden könne. Das bedeutet aber, daß jeder von uns in seiner Verantwortung angerufen und zur Stellungnahme aufgefordert ist. Denn hier – man kann das gar nicht nachdrücklich genug betonen – handelt es sich nicht um „Entwicklungen“, die den Charakter der Notwendigkeit hätten. Der Gedanke, die Geschichte bilde einen Prozeß, der mit der Unentrinnbarkeit eines Gesetzes vor sich gehe, ist selbst ein Mittel jener Zerstörung des Menschlichen, die sich hier vollzieht. Durch ihn bekommt der Staat eine metaphysische Sanktion. Durch ihn wird dem Einzelnen der Mut zu seiner personalen Selbstbehauptung gebrochen. Durch ihn wird eine Suggestion ausgeübt, welche den Anspruch auf menschliche Würde als Unrecht erscheinen läßt. Der Gedanke ist aber falsch. Nein, er ist unsittlich. Es gibt keinen die Freiheit aufhebenden Geschichtsprozeß. Was es gibt, ist ein Wandel in den objektiven Bedingungen, welche der Freiheit das Feld vorgeben, auf dem sie sich zu entscheiden hat; immer aber ist sie da, kann sich entscheiden und bestimmt jeweils selbst die Bedingungen für die nächste Entscheidung mit.

Von dieser Entscheidung ist hier die Rede.

IV

Wie ungeheuerlich der Vorgang war, zeigt sich an der Weise, wie das deutsche Volk seit dem Krieg sich zu ihm verhalten hat. Es ist ein Anlaß zu tiefster Verwunderung, wie wenig das Geschehene es in seiner Gesamtheit beschäftigt hat. Wie wenig ihm zu Bewußtsein gekommen ist, was sich da eigentlich zugetragen hat, und was das Geschehene für seine, des deutschen Volkes, ganze geschichtliche Existenz bedeutet.

Wie konnte es einfach weiterleben, als ob das nicht geschehen wäre? ... Daß es noch Menschen gibt, die jene Dinge leugnen; die sie verteidigen, die jene, denen so ungeheuerliches Unrecht geschehen ist, moralisch ins Unrecht zu setzen suchen – das alles ist sehr schlimm, man kann es aber verstehen. Und zwar aus der Psychologie dessen heraus, der eine Schuld fühlt, sich ihr aber nicht stellen will. So versucht er, sich zu rechtfertigen. Er versucht den, an dem er schuldig geworden ist, selbst zum Schuldigen zu machen. Ja, ein eigentümlicher Haß richtet sich gegen jenen, an dem er zum Schuldigen geworden ist. All das wäre schlimm, aber verstehbar. Was wir meinen, liegt aber tiefer. Es ist, als ob das Gewissen der Allgemeinheit vor der Furchtbarkeit des Geschehenen ratlos stünde. *So sitzt dieses wie ein stummer Block in seinem Gemüt; unbewältigt und gefährlich.*

Gewiß, im Kriege sind von seiten der Gegner, die uns dieses Unrecht vorhalten, Dinge geschehen, welche aus einem Geist kaum geringerer Unmenschlichkeit

hervorgegangen sind; ich erinnere an die Zerstörung des von Flüchtlingen gefüllten Dresden. Gewiß haben sie auch, im Hinblick auf jenes Unrecht, ihrerseits am deutschen Volke verhängnisvoll weiterwirkendes Unrecht getan. Gewiß haben auch Juden selbst ihm Unrecht getan oder zum mindesten sich nicht richtig verhalten – wie ja überhaupt die jüdische Frage viel tiefer führt, als die übliche Erörterung zu sehen bereit ist. Aber das geht uns hier nichts an; wir sprechen hier von uns selbst. Auf jeden Fall wird dadurch allein das eigentümliche Verstummen des deutschen Volkes nicht erklärt, von dem man doch gewiß nicht sagen kann, es sei gewissensmäßig weniger begabt oder weniger ernst als andere Völker.
Hier ist anderes. Sein Verhalten macht den Eindruck, als ob es noch nicht im Besitz der Kategorien wäre, unter denen das Geschehene ethisch zu bewältigen ist, und es deshalb aus dem Bewußtsein verdrängte. Der Grund aber dafür scheint in der Tatsache zu liegen, die wir bereits hervorhoben, daß etwas geschehen ist, was es bis dahin in der Geschichte noch nicht gegeben hat.

So sehen Sie, was davon abhängt, wie wir uns zu der Frage stellen. Ich möchte sie folgendermaßen fassen: *Welcherart war das Unrecht, das da begangen wurde, und welche Vorstellungen vom Wesen und Recht des Staates liegen ihm zugrunde?*
Und weiter: *Wie können wir das Geschehene aufarbeiten, damit es nicht wie ein inneres Gift weiterwirke und zum Schema für Kommendes werde?*

Die Frage hat also eine Bedeutung, die über den konkreten Anlaß dieses Vortrags weit hinausgeht.[1] Ob die Aktion, in deren Zusammenhang er steht, zweckmäßig ist oder nicht; ob sie die richtigen Worte wählt und die richtigen Mittel anwendet oder andere angemessener wären – das alles soll auf sich beruhen, und ich bitte Sie, hier davon abzusehen. Für uns geht es um das Wesentliche.

Ich hoffe auch, Sie bringen das Dargelegte in keine Verbindung mit der „Kollektivschuld" unseligen Angedenkens, denn dadurch würde alles verwirrt. Das Wort ist nicht nur sinnlos, sondern hat viel dazu beigetragen, die Gewissen von der wirklichen Verantwortung wegzudrängen. Es gibt keine Kollektivschuld. Nie kann das, was einer tut, dem anderen zur Schuld werden, wenn er nicht dabei mitwirkt oder doch unterläßt, was er dagegen tun sollte und könnte. Etwas anderes aber gibt es, und darum geht es hier: das ist die Solidarität des Einzelnen mit seinem Volk und aller Einzelnen in diesem Volke untereinander.

Wenn ein Glied meiner Familie ein Unrecht begangen hat, dann darf ich sagen: ich bin daran unschuldig. Nicht aber darf ich sagen: es geht mich nichts an. Schuldig werde ich nur durch das, was ich selbst tue oder unterlasse; aber beteiligt bin ich an allem, was die Glieder meiner Familie tun. Denn ich stehe in ihr, und ihre Ehre ist – bis zu einer gewissen Grenze – auch die meine. Wenn die Familie gedeiht, nehme ich

[1] Es handelte sich um eine öffentliche Sammlung für die Ölbaum-Spende.

mit Selbstverständlichkeit an diesem Gedeihen teil. Wenn Einzelne in ihr Großes leisten, fühle ich das mit Recht als etwas, das mich mithebt und trägt. So muß ich auch das, was in ihr an Unrecht geschieht, in meine Verantwortung nehmen, sonst bin ich ein Schmarotzer. Ich muß mich mit ihm auseinandersetzen und tun, was mir möglich ist, damit es in Ordnung komme.

Das gleiche gilt für das Volk. Aus unmittelbarem Gefühl heraus weiß jeder recht geschaffene Mensch sich mit dem Leben seines Volkes verbunden. Diese Verbundenheit bildet ein Wesenselement des geschichtlichen Daseins. Jeder empfindet das Große, das im Volk geschehen ist, als auch ihm gehörig. So muß er auch das Unrecht, das da geschieht, in seine Verantwortung aufnehmen. Es trifft seine Ehre; und er ist gehalten, das Seine zu tun, damit es in Ordnung komme.

Das muß geschehen, weil Unrecht nicht stehenbleiben darf. Es muß aufgearbeitet werden.

Einmal sittlich, weil es Unrecht ist, weil es die Hoheit des Guten verletzt. Das Gewissen weiß das, unmittelbar. Mensch sein heißt, das wissen; von diesem Wissen geadelt und belastet sein.

Die Aufarbeitung muß aber auch aus einem anderen Grunde geschehen: deshalb, weil Unrecht real ist; eine Macht, die, wenn sie nicht bewältigt und neu eingeordnet wird, weiterwirkt.

Die Denkweise, aus welcher die nach-neuzeitlichen Vernichtungsaktionen hervorgehen, ruht auf folgendem Gefühl: Wenn sie geschehen und die gewollten

Zwecke erreicht sind, dann ist das, was da getan und gelitten worden, nicht mehr da. Die Menschen, die getötet wurden, sind weg. Die Gewalt, welche von der Ehre, die Qual, welche vom Leben des Leibes und der Seele erlitten wurde, sind verschwunden. Geschehen-Sein ist identisch mit Null-Sein. Nur die gewollte Wirkung bleibt übrig – und allenfalls die Notwendigkeit, mit irgendwelchen Gegenaktionen rechnen zu müssen. Aber dann war die Sache falsch gemacht; denn eine richtig durchgedachte und durchgeführte Aktion – das hat schon Machiavelli gesagt – läßt keine Reste hinter sich, und die nächste muß noch kälter, noch erbarmungsloser, noch unmenschlicher durchgeführt werden.

Dabei wird aber übersehen, daß der Mensch nicht nur ein biologisches Wesen, sondern Person ist – deshalb, weil die absolute Person, Gott, ihn angerufen und in seine Verantwortung gestellt hat. Und da die Geschichte ein Geschehen durch Personen und an Personen ist, geht sie bis ins Innerste hinein falsch, wenn dieser personale Charakter ignoriert wird. Der Totalitäre sieht solche Gedanken für Unsinn an; er irrt sich aber in der verhängnisvollsten Weise. Er kennt von der Wirklichkeit nur, was man greifen und messen kann. Der wirkliche Realist weiß, welche Macht das Geistige ist.

Abgesehen davon, war aber das Geschehene nicht nur in dem real, der es erlitten, sondern auch in dem, der es getan hat. Die ganze Furchtbarkeit ist also noch da: in den Menschen, die sie begangen haben; in den Anschauungen, die von der Tat her weiterwirken; in dem Volk, das von ihnen geprägt worden ist. Da hilft es nichts, zu vergessen oder zu tun, als ob nichts wäre, sondern alles das ist real wie das Ergebnis einer chemischen Reaktion, wie die falsch arbeitende Drüse im Körper, wie das Trauma in der Tiefe des Unbewußten.

Das ist bereits in einem Text gesagt, der vor nun bald zweieinhalb Jahrtausenden geschrieben wurde und zu den großen Zeugnissen menschlicher Verantwortung gehört, nämlich in Platons Gorgias. Dort wird erörtert, wie sich das Glücklich-Sein zum Gut-Sein verhalte, und Sokrates stellt die These auf, das größte Unglück sei das Unrecht. Denn wenn eine vergiftete Speise den Körper krank mache, so tue das Unrecht das gleiche mit der Seele; mit jenem Letzten, worauf der Mensch zurückgreift, wenn er nach dem Sinn seines Lebens fragt. Was aber, fragt der große Wissende weiter, muß einer tun, wenn er in solcher Weise krank geworden ist? Wodurch wird er wieder gesund? Indem er die gemäße Strafe erleidet. Lassen wir den Begriff der Strafe auf sich beruhen; Sokrates akzentuiert sehr scharf. Führen wir ihn auf einen allgemeineren zurück: indem er das Unrecht aufarbeitet.

Wie diese Aufarbeitung vollzogen werden müsse, kann man nicht in Kürze sagen. Letztlich ist es nur religiös möglich, auf die Gnade, die Vergebungs- und Erneuerungsmacht Gottes hin; doch soll davon in diesem Zusammenhang nicht gesprochen werden. Im übrigen muß es sittlich geschehen. Also vor allem durch die Einsicht, daß Unrecht getan worden ist und worin dieses Unrecht bestand. Durch das, von dem es in

Ibsens „Brand" heißt, Menschsein bedeute, „Gerichtstag halten über das eigene Selbst". Zum eigenen Unrecht Stellung nehmen und sich von ihm lossagen. Und es in der jeweils möglichen und gemäßen Weise wieder gutmachen.
Dadurch und nur dadurch wird das Unrecht bewältigt – soweit das überhaupt möglich ist und nicht auch von hier aus der Weg ins Religiöse führt. Geschieht das nicht, dann bleibt es und wirkt weiter.
Es bleibt als Schuld; als Zerstörung der inneren Ehre, des personalen Heil-Seins, der Klarheit des Gewissens gegenüber Gott und dem Leben. Diese Sinnzerstörung kann durch nichts aufgewogen werden: keinen politischen Erfolg, keine Steigerung der Macht, keinen Fortschritt der Wohlfahrt.
Das Unrecht bleibt aber auch als Macht, als unmittelbare geschichtliche Wirksamkeit. Die Wissenschaft vom Menschen zeigt, wie weitgehend er vom Psychischen und Ethischen her gesund oder krank ist. Eine nicht aufgearbeitete geistige Unordnung setzt sich in funktionelle Störungen um, und diese fixieren sich allmählich zu organischen. Nicht nur das: sie wird zum immer wieder verwirklichten Schema des folgenden Verhaltens ... Entsprechendes geschieht im geschichtlichen Leben. Wenn eine Schuld der „res publica" nicht erkannt, verurteilt und in irgendeiner Weise gesühnt wird, dann wird sie zur immer wiederkehrenden Form des Verhaltens und zerstört die politische Existenz.
Das ist kein Moralgerede, sondern einfache Wahrheit.

V

Das war es, meine Damen und Herren, was ich Ihnen sagen wollte: *Sie darauf aufmerksam machen, daß in der Geschichte unserer letzten zwanzig Jahre etwas Ungeheuerliches steht, das noch vollkommen unaufgearbeitet ist.*
Das ist so, ob man will oder nicht. Was immer gesagt und getan wird, um es zu leugnen oder zur Bagatelle zu machen oder gar zu rechtfertigen, ist nur Symptom für den Tiefgang des Geschehenen.
Es ist Schuld. Es lastet auf dem Gewissen des Volkes, dem bewußten oder dem unbewußten, dem Lebensgewissen, und verlangt Bereinigung.
Darüber hinaus ist es aber im abendländischen Raum das erste Vorbild jener furchtbaren Möglichkeit, welche über der kommenden Geschichte hängt. *So ist es eine Warnung.* Weichen wir der Warnung aus; suchen wir, das Geschehene in der Vergangenheit und Vergessenheit versinken zu lassen – dann wird es zum Trauma im Gemüt des Volkes; das heißt aber, unser aller. Und zu einer Form, wie künftig in unserer Geschichte die Dinge getan werden.

Lassen Sie, meine Damen und Herren, mich noch einmal an das erinnern, was Universität ist.
Wir sagten zu Beginn, sie sei der Ort, wo nach der Wahrheit geforscht wird.
Wir sagten weiter, sie sei der Ort, wo menschliche Dinge an den Maßstäben der großen Vergangenheit gemessen werden.

Wir müssen noch ein Drittes hinzufügen: Die Universität ist der Ort, wo die wachste Verantwortung für die Allgemeinheit leben muß.
Sie wissen, wie tief der Sinn unserer akademischen Welt in Frage gestellt wird; wie viele in ihr ein nutzloses Privileg überalterter Ordnungen sehen. Um ihr Existenzrecht zu begründen, wird denn auch gefordert, der Student solle sich dem politischen Leben zuwenden; dessen Programme und Einrichtungen kennenlernen, ja selber schon in die Arbeit der Parteien eintreten.
Darin liegt sicher viel Wichtiges und Nützliches; es darf aber jene Aufgabe nicht verdrängen, die an der Universität in einer Weise angefaßt werden kann, wie das sonst nicht möglich ist: nämlich aus der Erforschung des Menschen, seiner Lebensordnungen und seiner Geschichte heraus zu verstehen, was jetzt, in unserer geschichtlichen Stunde, vor sich geht. Die in ihr liegenden Tendenzen zu erkennen; ein echtes Urteil über sie zu gewinnen und die Aufgaben zu sehen, die sich aus ihnen ergeben.
Die Frage, die uns hier beschäftigt hat, gibt eine Gelegenheit dazu. Und sie ist dringlich; denn es besteht Gefahr, daß sie von den gewalttätigsten Affekten, die es gibt, nämlich den politischen; von der Regie der Parteien; vom Gerede der Versammlungen; vom Lärm der Straße verdrängt wird.
Meine Damen und Herren: *Erlauben Sie das nicht!* Es geht um etwas, das unser aller Gemeinsames, die kommende Geschichte, betrifft.
Wie Sie die Frage beantworten, ist Ihre Sache. Sorgen

Sie aber dafür, daß sie gestellt werde! Und daß die Antwort aus der Wachheit des Geistes, aus der Verantwortung des Gewissens und aus der Noblesse des Herzens komme – von jenen Maßstäben bestimmt, die hier, an der Universität, für uns gelten.

Freiheit. Eine Gedenkrede

Wir sind hier versammelt, um der Männer und Frauen zu gedenken, die vor sechzehn Jahren für Volk und Land so hartes Schicksal erlitten haben. Die Ehre, die ihnen gebührt, wollen wir ihnen so erweisen, daß wir den hohen Wert bedenken, um den es ihnen ging: die Freiheit.

Wenn wir das Wort aussprechen, nennen wir ein Grundrecht des mündig gewordenen Menschen. Doch wollen wir uns den Ausdruck jener großen Gefühle versagen, die dem Erlebnis der Freiheit entspringen können; vielmehr über sie in nüchterner Erwägung der Weise sprechen, wie Menschenleben geartet ist, wie es gedeiht oder Schaden leidet.

Das wird von selbst zu einer energischen Selbstprüfung führen. Sie wird uns zu Bewußtsein bringen, daß die Freiheit in der Schätzung der heutigen Generation nicht sehr hoch steht. Die Totalisten nennen sie ein „bürgerliches Vorurteil"; einen Vorwand, um jener großen Hingabe auszuweichen, die allein das Volk zur höchsten Leistung zusammenschweißen könne. Bei denen aber, die sich zu ihr bekennen, überkommt einen oft die beunruhigende Frage, ob sie die Freiheit vom Kern ihrer Persönlichkeit her wollen ... ob der heutige Mensch wirklich wisse, was Freiheit ist ... ob das Wort, das eines der lebendigsten und stärksten unserer Sprache sein sollte, nicht in Wahrheit zerfalle.

Ich glaube, den Männern und Frauen, die damals so Hartes gedacht und gewagt haben, würde eine solche Prüfung besser zusagen als Begeisterung und Gelöbnisse, denn sie führt an die Wirklichkeit heran – den, der die Wirklichkeit will.
Was bedeutet es also, frei zu sein? Wann bin ich frei? Dann, wenn ich in meinem Lande gehen kann, wohin ich will; tun, was ich für richtig halte; mein Leben gestalten, wie es mir entspricht. Wenn ich sein kann, wie ich bin, und niemand mich daran hindern darf, weder ein Vorgesetzter noch eine soziale Gruppe, weder ein Einzelner noch der Staat – deshalb, weil ich kein bloßes biologisches Individuum, sondern Person bin, die in Verantwortung und Würde sich selbst besitzt.
Sofort meldet sich ein Einspruch: Das gilt nicht einfachhin! Du kannst nicht tun, was dir beliebt, wenn dadurch Andere zu Schaden kommen; kannst nicht dein Leben nach deiner Weise einrichten, wenn sie die allgemeine Ordnung stört. Also müssen wir genauer sprechen: ich bin frei, wenn ich ungehindert tun kann, was zu meinem Menschenwesen gehört, soweit ich damit nicht das gleiche Recht des Anderen verletze. Dabei werden im Einzelfall Fragen und Schwierigkeiten genug entstehen; im Grunde ist der Gedanke klar. Auf seiner immer reineren Verwirklichung beruht unsere abendländische Existenz, die Größe und Wertfülle unserer mehr als dreitausendjährigen Geschichte. Man könnte diese Geschichte von dem Verhältnis her darstellen, das der abendländische Mensch zur Freiheit gewonnen hat.

Die Freiheit verwirklicht sich nicht von selbst, sondern muß gewollt werden. Sie ist grundgelegt in der natürlichen Veranlagung, gereift durch die Geschichte, gewährleistet durch die Ordnung der Gesellschaft – ist aber auch jedes Einzelnen Aufgabe und Werk. Es gibt keine passive Freiheit. Nicht im Sinn des persönlichen Seins, denn sie ist Ausdruck des Geistes, und der beweist sich durch den lebendigen Akt; nicht im Sinne äußerer Ordnung, denn auch die freieste Verfassung, die nicht gelebt und geleistet wird, zerfällt.
Aber wir wollen die allgemeinen Erwägungen lassen und sehen, daß wir an die Wirklichkeit herankommen, an die Stellen, wo Freiheit real wird. Denn – lassen Sie mich noch einmal daran erinnern – es besteht dringender Anlaß zum Zweifel, ob der heutige Mensch wirklich frei sein wolle. Ob er unter der Freiheit mehr verstehe, als die Möglichkeit, ungehindert seinen Geschäften nachzugehen und sein Vergnügen zu haben. So müssen wir die Frage nach ihr schon so stellen, daß wir damit vor dem harten Ernst der Männer und Frauen vom 20. Juli 1944 bestehen können.
Wie ist das also: wie geht das zu, wenn ein Mensch, ein mündiger Mann, eine mündige Frau frei sein wollen?

Vor allem so, daß dieser Mensch das Recht auf seine Überzeugung fordert. Will sagen, die Möglichkeit, über den Sinn des Daseins so zu denken, wie es ihm richtig scheint. Leben und Sterben, Arbeit und Eigentum, Familie und Staat, und wie die großen Fragen des Daseins immer lauten mögen, so zu beurteilen, wie sein Wahrheitsgewissen es verlangt. Die Möglichkeit, die eigene Meinung sagen und nach ihr leben zu können, innerhalb der Grenzen, die das gleiche Recht der Anderen aufrichtet. Mehr noch: Freiheit ist dann da, wenn nicht nur der Einzelne die Möglichkeit hat, so zu tun, sondern wenn die Haltung der Allgemeinheit dieses Tun für richtig und schön ansieht und es von ihm erwartet.

Damit aber der Anspruch auf eigene Überzeugung erhoben; damit die Möglichkeit gefordert werden könne, nach ihr zu leben, muß eine solche Überzeugung da sein. Freiheit ist nicht das Recht auf Gedankenlosigkeit oder Beliebigkeit der Meinung, sondern sie ruht auf einem echten Verhältnis zur Wahrheit.

Verstehen Sie mich richtig. Ich rede nicht von einem bestimmten Überzeugungsinhalt, von dieser Weltsicht oder politischen Anschauung statt einer anderen, sondern davon, daß überhaupt jene Haltung da sei, die „Überzeugung" heißt. Noch genauer gesagt: ein Bewußtsein da sei, daß es Wahrheit gibt; ein Wille, sie zu finden, und ein Ernst, zum Erkannten zu stehen.

Es kann durchaus sein, Einem wird zu irgend einer Zeit seiner geistigen Entwicklung das bisher für wahr Angesehene fraglich. Kann sein, Einer glaubt das, was seine Eltern für wahr gehalten haben, ablehnen zu müssen. Ein Dritter weiß vielleicht überhaupt nicht, worin er den letzten Sinn des Daseins zu sehen habe und steht ratlos vor dessen Rätseln. Soll aber in glaubwürdiger Weise von Freiheit die Rede sein, dann müssen sie wenigstens wissen, worum es dabei geht, von der Frage bedrängt sein, was das Leben bedeute. Sie

müssen sich darum mühen, und nicht darf ihnen jede Sache des privaten Alltags oder jede Erregung der öffentlichen Meinung wesentlicher sein als das.
Erst dieser Ernst gibt der Freiheitsforderung das personale Gewicht, das aus ihr mehr macht als den bloßen Anspruch, der Laune des Gedankens folgen oder nachreden zu können, was der Kollege im Büro geredet hat. Ohne diesen Ernst wird sie leer. An die Stelle der Überzeugung mit ihrer Charakterkraft tritt der Zufall der Tagesmeinungen – bis die innere Haltlosigkeit so groß wird, daß die politische Gewalt, Parteidoktrin und Staatsvorschrift hineinstoßen können und bestimmen: Das hast du zu denken! Dann ist der Mensch verknechtet, wenn es ihm auch noch so gut geht und seine Leistungen in Wissenschaft und Technik noch so groß werden.

Fragen wir weiter und halten uns wieder nicht an allgemeine Begriffe, sondern an die Wirklichkeit: Wann bin ich frei? Dann, wenn ich den Beruf wählen kann, der mir zugehört. Beruf ist der Schnittpunkt des individuellen und des Gesamtdaseins; der Ort, auf dem der Einzelne im Zusammenhang des sozialen Ganzen steht, und wo das Ganze aus dem Werk des Einzelnen lebt. Diesen Ort muß ich selbst wählen können, nicht darf irgendeine Instanz sonst ihn mir zuweisen.
Schon das Wort „Beruf" sagt, worum es geht. Es meint die Tätigkeit, zu der ich von meinem Wesen her gerufen bin – lassen wir auf sich beruhen, ob der Ruf noch von weiter her kommt. Natürlich gibt es darin Abstufungen der Deutlichkeit und Stärke. Wohl dem, der

sagen darf: Hierzu weiß ich mich begabt; dazu drängt es mich; diese und keine andere soll meine Lebensaufgabe sein. Das Gerufensein kann sich abschwächen zur Einsicht: Innerhalb der gegebenen Möglichkeiten entspricht das meinen Anlagen am besten. Bis zu dem vordergründigen, aber sehr realen Gesichtspunkt: Auf diese Art kann ich am anständigsten meinen und meiner Familie Lebensunterhalt verdienen.

Freiheit heißt, daß ich nach solchen Maßstäben meine Tätigkeit wählen dürfe – soweit eben die gegebene Situation eine Wahl möglich macht. Es heißt darüber hinaus, daß der Staat tue, was an ihm liegt, um die Vorbildung zu fördern, die Möglichkeit der Wahl zu erweitern und sie durch Nachweis und Beratung an die realen Verhältnisse heranzuführen.

Diese Forderungen haben aber nur dann einen Sinn, wenn ein Wille zum Beruf da ist, und nicht bloß der Drang, schnell Geld zu verdienen, bald Sicherheit zu gewinnen, möglichst wenig arbeiten zu müssen und möglichst viel Zeit für das eigene Belieben zu bekommen.

Mit anderen Worten: die Freiheit des Berufes und der Arbeit setzt den Ernst des Berufswillens voraus. Setzt voraus, daß der mündig gewordene Mensch wisse, er steht im Zusammenhang des sozialen Ganzen auf einem Posten, der für ihn, aber auch für Alle Bedeutung hat. Sie ist in dem Maße real, als der, der sie in Anspruch nimmt, die Verantwortung für die Sache und die Lust an der guten Leistung fühlt.

Im Maße diese Gesinnung nachläßt, wird der Mensch reif dafür, daß eine totalistische Staatsführung die Freiheit des Berufes aufhebe und ihm seine Arbeit zuweise. Erst stirbt die Freiheit des Werkes und Berufes von innen her; dann, wenn das geschehen ist, bekommt die äußere Knechtschaft Raum.

Manche von Ihnen wenden vielleicht ein: „Du redest Moral." Lassen wir das Wort Moral beiseite, es klingt uns nicht gut; sagen wir also: Ethik. Dann lautet allerdings die Antwort: Gewiß, wovon geredet wird, ist das Ethos der Freiheit. Und nicht nur, weil es das Gewissen verpflichtet, sondern weil es die Freiheit erst möglich macht.

Näher heran an die Wirklichkeit: hier wird nach einer der Stellen gefragt, wo sittliches Wollen und lebendiges Gedeihen eins werden; wo das Sinken der Verantwortung die Wurzeln des Lebens angreift.

Eine andere Stelle also solcher Art: Freiheit bedeutet, daß der mündig gewordene Mensch seine Familie nach der Stimme seines Herzens und dem Urteil seines Gewissens aufbauen darf. Wir brauchen nur an die zwölf Jahre der Gewalt zurückzudenken, um zu sehen, wie furchtbar dieses Grundrecht gebrochen werden kann.

Der Mann muß die Frau wählen können, die ihm teuer geworden ist, die Frau den Mann, den sie liebt und achtet; und weder Rassengesetze noch wirtschaftliche Maßnahmen dürfen ihnen hineinreden. Ihre Kinder müssen zuerst ihnen gehören und dann erst dem Staat. Über ihre Erziehung müssen zuerst die Eltern entscheiden, dann erst, und im Einvernehmen mit ihnen, die öffentlichen Instanzen. Ihr Haus muß als die Sphäre ihres privaten Lebens ihnen vorbehalten sein, so lange keine Gefahr für die allgemeine Ordnung die Behörden veranlaßt, in sie einzudringen. Mit einem Wort: Freiheit bedeutet, daß der mündige Mensch die Möglichkeit hat, jene Grundzelle aller menschlichen Gemeinschaft, die Familie heißt, nach seinem Gewissen zu begründen; jene Elementarform aller Kultur, die Hausgemeinschaft heißt, so zu entwickeln, wie er es für richtig hält – ohne Angst, daß ihm das, was er zu Hause baut, von draußen her, sei's vom Staat, sei's von der Partei, oder von wem immer zerstört werde.

Wieder aber wollen wir uns darüber klar sein, daß die Forderung nur dann einen Kern der Wirklichkeit in sich hat, wenn hinter ihr mehr steht als nur ein erotisches Abenteuer oder eine juristische Ordnung, nämlich eine Entscheidung von Person zu Person, die Treue begründet und Lebensgemeinschaft hervorbringt. Wenn die Eltern wissen, daß es sich in jedem Kind um ein menschliches Schicksal handelt, das ihnen anvertraut ist, und bemüht sind, ihm jene Formung des Gewissens, jene Prägung des Lebensgehaltes zu geben, aus denen heraus es nachher sein Dasein aufbauen kann. Das alles muß wirklich gewollt sein, unter Zucht und Entsagung. Geschieht das nicht, wird die Familie zu jenem losen Gebilde, das sie weithin ist – was soll dann das Recht auf ihre Freiheit noch heißen? Die Möglichkeit, daß jeder tue, was ihm paßt? Dann bildet sich ein Zustand, der den Eingriff der öffentlichen Hand geradezu herausfordert. Immer wieder wird vom drohenden Totalismus geredet, aber kein Vorgang vollzieht sich nur von einer Seite her. Die totalistische Vergewaltigung der Ehe wird erst möglich, wenn der lebendige Träger der Freiheit, der mündige Mensch, seit langem den Willen zu ihrer Treuegemeinschaft, zur Verbundenheit der Familie, zur lebendigen Gestalt des Hauses verloren hat.

Es hat keinen Sinn, Freiheit „von“ zu fordern, wenn vorher nicht die Freiheit „zu“, nämlich zu den großen Werten der personalen Existenz gesehen und gewollt ist. Es hat keinen Sinn, Freiheit der Liebeswahl und die Unantastbarkeit des Hauses zu verlan- gen, wenn nicht Mann wie Frau vorher von der Verantwortung für diese Wahl und die Treue zur Gemeinschaft von Ehe und Haus wissen und zu ihr bereit sind.

Jedes Recht ruht auf einem Wert, der es begründet und den es schützt. Wenn dieser Wert – im Falle unserer Überlegungen die Freiheit zur Überzeugung, zum Beruf, zur Familie – nicht mehr empfunden und gewollt wird, dann verliert es seine Glaubwürdigkeit. Rechte, die im personalen Wesen des Menschen gründen und daher ebensoviel Pflichten wie Ansprüche bedeuten, bleiben natürlich bestehen, auch wenn der von ihnen geschützte Wert vom Einzelnen nicht mehr erlebt wird. Das Recht auf Freiheit ist ein solches. Der Einzelne darf es nicht nur, sondern soll es geltend machen, und nicht weil er große Begabungen hat, oder gesellschaftlich hoch steht, oder von aktivem Temperament, sondern weil er Mensch ist. Dieses Recht erlischt nicht, wenn er gegen die Inhalte der Freiheit gleichgültig wird. Es bleibt ihm als Pflicht auferlegt und gibt Zeugnis gegen ihn. Sein Anspruch verliert aber die Würde personalen Selbstverständnisses wie die Stoßkraft menschlicher Selbstbehauptung, sobald hinter ihm nicht mehr der Ernst der Existenz steht. Wer von Werten redet, die in ihm nicht mehr lebendig sind, bringt auch das zum Zerfall, was er noch an Erfahrungsresten von ihnen hat. So ist Vorsicht geboten, wenn man von der Freiheit sprechen will.

Es gibt eine Weise, das zu tun, die sie geradezu zerstört, indem sie ihren Sinn verfälscht; so zum Beispiel, wenn der totalistische Machtwille sie in ihr Gegenteil umlügt. Dabei wollen wir nicht vergessen, daß der Mensch für diese Lüge anfällig wird, sobald er den Ernst des Freiheitswillens verkommen läßt. Dann wirft er sich der Diktatur in die Arme, die ihm die Verantwortung abnimmt.

Es gibt aber auch eine andere Weise, falsch von der Freiheit zu reden, nämlich jene, die es mit idealistischen Phrasen tut, zu dekorativen Zwecken, oder politischer Propaganda. Auch sie zerstört, weil nichts mehr hinter ihr steht. Die Worte haben Sinn und Ernst verloren und können dann in jede Trugform umgefälscht werden. Wer die Freiheit nicht mit Ernst will, soll von ihr schweigen. Es ist der letzte Dienst, den er ihr tun kann.

Lassen Sie uns einen Schritt weitergehen: Wie ist das mit jener Freiheit, welche die Universität – Forschen-

de, Lehrende und Hörende – in Anspruch nimmt, der akademischen? Was bedeutet sie eigentlich?
Ihre verfassungsmäßigen Formen ebenso wie ihre äußere Erscheinung haben im Lauf der Jahrhunderte gewechselt, ihre Wurzeln aber sind die gleichen geblieben: sie liegen im Recht und in der Pflicht, wissenschaftlich, das heißt, mit der Strenge der jeweils hergehörigen Methode nach der Wahrheit zu forschen. Recht wie Pflicht ruhen auf einer Ordnung der Werte, an deren Spitze eben die Wahrheit steht – die Wahrheit um ihrer selbst, wie auch um der Bedeutung willen, welche sie für das menschliche Leben und Werk hat.
So meint akademische Freiheit, nach dieser Wahrheit forschen zu können – und was für ein Krüppelding entsteht, wo das nicht mehr möglich ist, haben die zwölf „braunen" Jahre gezeigt.

Sie bedeutet weiter, diese Wahrheit sagen zu können; rein von der Sache her, ohne Besorgnis, aber zugleich unter ihrem strengen Diktat. Wie wunderbar das ist, haben wir in den ersten Semestern nach Kriegsende erfahren. Ich weiß noch gut, wie in Tübingen Professoren gegenseitig ihre Vorlesungen besuchten, um zu spüren, wie sich das anhörte, wenn nur von der Sache her gesprochen wurde.
So viel für Forschung und Lehre; Entsprechendes gilt für den Lernenden. Von ihm aus gesehen, heißt akademische Freiheit, daß für den Besuch der Universität keine anderen Bedingungen gestellt werden als solche, die in der Sache selbst liegen. Daß er in dem

Fach arbeiten kann, das er wählt; den Lehrer hören, dem er vertraut; in die Haltung, welche durch die Wahrheitssuche bestimmt ist, hineinwachsen, ohne unter äußere Zwecke gezwungen zu werden.

Aus alledem entsteht eine Atmosphäre, die nur unter diesem Vorrang der wissenschaftlichen Wahrheit möglich ist; sehr frei von außen, dafür um so strenger gebunden von innen her.

Diese Atmosphäre geht verloren, wenn ein totalistischer Staat der Forschung ihre Gegenstände oder gar ihre Ergebnisse vorschreibt; wenn er den Studierenden das Fach zuweist und die Arbeit überwacht; wenn er ihnen durch politische, militärische, wirtschaftliche Beanspruchung Zeit und Kraft wegnimmt. Das liegt auf der Hand; sie geht aber auch dann verloren, wenn zwar äußerlich Entschluß- und Bewegungsmöglichkeit bleiben, aber der geistige Kern sich verflüchtigt. Die Universität, die in ihr sich verwirklichende Lebensform ruhen auf der Gesinnung des Forschens und Erkennens, Lehrens und Lernens. Sobald die Wertfülle und die Verpflichtungskraft der reinen Wahrheit nicht mehr erfahren wird, wandelt sich das Ganze in eine Berufsschulung, die Berechtigungen gibt – sicher wichtig, aber unter jenem Rang stehend, den es einst hatte.

Wir begegnen wieder dem gleichen Grundverhältnis: auch hier lebt die Freiheit aus der Werterfahrung, die sie trägt; aus der Strenge der Verpflichtung durch diesen Wert und dem Ernst, der zu ihr steht.

Die Formen, wie diese Erfahrung psychologisch zustande kommt, können verschieden sein. Vor den Erschütterungen, die die Welt ins Wanken gebracht haben, war alles leichter und selbstverständlicher. Die wirtschaftliche Lage hatte eine ruhige Sicherheit; die heute alles erschwerende Wirkung der großen Zahlen war noch nicht fühlbar. Auch bedeutet es wohl keine falsche Rühmung, wenn man sagt, im Bewußtsein der alten Universität sei die Arbeit noch stärker vom Willen zur Erkenntnis als vom Blick auf das berufliche Vorankommen bestimmt gewesen. Heute geht eine tiefe Veränderung vor sich, wirtschaftlich, sozial, geistesgeschichtlich, und sie ist nicht aufzuhalten. Wenn aber der Ernst, nein, die Leidenschaft des Erkenntniswillens nicht wieder die Führung gewinnt, wird die akademische Freiheit sinnlos, und an ihre Stelle treten Reglement und Bevormundung. Denn wozu eigene Wahl und spontane geistige Bewegung, wenn das letztlich Maßgebende der Nutzen ist? Der wird am besten durch möglichst durchgreifende Planung gewährleistet.

Wenn von Freiheit gesprochen wird, denkt man in der Regel an die politische, und zwar, in unserer geschichtlichen Situation, an ihre demokratische Form. Was ist aber „Demokratie“ in ihrem Wesen – die echte, nicht die der Propaganda?
Sie ist die anspruchsvollste und ebendamit gefährdetste aller politischen Ordnungsformen, nämlich jene, die beständig aus dem freien Kräftespiel gleichberechtigter Personen erwächst. Die Aufgabe, sie zu schaffen, ist erschreckend groß, weil es nicht viele gibt, die ihr Wesen wirklich in den Blick bekommen.

Demokratie ist nicht ein Zustand, in dem jede Meinung sich aufspielen und jedes Interesse sich als Staatsangelegenheit betrachten können. Sie bedeutet zuerst und vor allem, daß der Einzelne sich für das Schicksal des Staates verantwortlich weiß. Daß er weiß, er kann diese Verantwortung nicht abgeben, sondern soll sie beständig üben – ja er übt sie immerfort, ob er will oder nicht, durch die Weise, wie er sich verhält, zum Guten oder zum Schlimmen. Handlicher gesagt: der Staat ist das, wozu der Einzelne ihn macht. Daraus kommt ein großer Ernst, denn er weiß ja auch – sollte es wenigstens wissen –, was er vermag und wo er versagt. Auf diesem Ernst ruht die demokratische Freiheit.

Wir haben gesehen, sie ist jene politische Ordnung, die aus der Verantwortung der Einzelnen erwächst – nun müssen wir die Bestimmung fortführen: der Einzelnen, die zueinander im Verhältnis wechselseitiger Achtung stehen. Mehr: deren jeder sich auf den Anderen verlassen kann, weil er weiß, daß alle das Wohl des Ganzen wollen. Es wirklich wollen; nicht nur sagen, sie täten es. Soviel ist Demokratie real, als diese Haltung wirksam ist.

Manche der heute Lebenden kommen noch aus der Zeit des Individualismus. Sie haben noch jenes Grundgefühl erlebt, in dem der Einzelne sich als Maß der Existenz wußte – denken wir nur an die gewalttätige Formel Max Stirners, für den die eigentliche Wirklichkeit „der Einzige und sein Eigentum" war (1845). So hat es für sie etwas Entscheidendes bedeutet, als sie erkannten: Ich bin nicht allein da; der Andere ist

es auch. Und er ist es mit dem gleichen Recht wie ich, so daß die politische Existenz auf meinem Einvernehmen mit ihm ruht. Nicht auf dem Einvernehmen gleicher Meinung, denn wir können verschiedene Ansichten haben; aber auf dem des gleichen Grundanliegens: der Ehre und dem Wohl des Ganzen. Auch ist es nicht nur dieser mir nahestehende Einzelne, sondern die Vielen; die unzähligen Gruppen, Schichten, Richtungen; noch einmal mehr das Ganze: Volk, Land und Kultur in seiner Mannigfaltigkeit und Einheit zugleich. So ruht Demokratie auf einem Bewußtsein, das sich in dieses Ganze hinausbreitet, nicht um über es zu herrschen, oder von ihm beherrscht zu werden – das ist die Lügenform der Demokratie, der Totalismus – sondern um es zu durchfühlen, sein Leben zu spüren und seine Ordnung von Mal zu Mal, von Begegnung zu Begegnung, als beständige Resultante aus den vielen Einzelkräften heraus aufzubauen.
Von der Demokratie wird oft geredet, als sei sie ein leichtes Handwerk, eine Sache der Mehrheitsrechnung. In Wahrheit ist demokratische Existenz schwer, denn sie ist nie gesichert. Ihr fehlt das, was die konservativen Staatsformen trug: die Verwurzelung in geheiligten Traditionen; in Haltungen, die aus der Tiefe des Unbewußten heraufwuchsen. Demokratie ist Gleichgewicht, aber immerfort werdendes; so verlangt sie Wachsamkeit, Selbstlosigkeit und Zucht.
Aus alledem erwächst die Freiheit. Ohne das ist sie Unordnung, die nur durch Taktik und Polizei gehindert wird, als Chaos durchzubrechen oder in Diktatur umzuschlagen.

Über Freiheit wäre noch viel zu sagen, denn sie bildet ja eine Haltung des ganzen Menschen und bezieht sich auf alles, was sein Dasein ausmacht. Wir müssen uns aber beschränken; so soll nur noch von einer Form des Freiheitsanspruchs die Rede sein, hinsichtlich deren eine große Verwirrung der Ansichten und eine nachgerade gefährliche Verwilderung der Praxis herrscht, nämlich von der Freiheit der Information.
Sie hängt eng mit dem Ethos der Demokratie, näherhin mit dem für die letztere wesentlichen Faktor der Öffentlichkeit und öffentlichen Meinung zusammen. Wenn die demokratische Staatsform auf der Verantwortung und Mitwirkung jedes Einzelnen ruht, dann muß dieser sich über das unterrichten können, was im allgemeinen sozialen, politischen, kulturellen Leben vor sich geht, auch seinerseits in der Lage sein, die Informationen zu geben, die er für nötig hält. Sobald diese Möglichkeit eingeschränkt wird, fühlt der seiner Verantwortung bewußte Einzelne sich in seiner Freiheit bedroht.
Nun besteht aber eine Wechselbeziehung zwischen der öffentlichen Sphäre mit ihren Ansprüchen auf der einen und der privaten mit den ihrigen auf der anderen Seite. Der Anspruch der ersteren, durchgesetzt durch ein weit verzweigtes System der Beobachtung und Benachrichtigung, wächst beständig. Das Gefühl bildet sich, die Öffentlichkeit habe das Recht, alles zu erfahren, und dürfe daher in jeden, auch den empfindlichsten, bisher durch Ehrfurcht, Takt, Scham geschützten Bereich eindringen. Ja aus dem Anspruch auf Information wird ein immer unverblümterer An-

spruch auf Sensation: je privater der Vorgang, desto zudringender der Wunsch, von ihm zu erfahren.
Auf diesem Wege überschreitet die Öffentlichkeit nicht nur ihre Grenzen, sondern sie entartet in ihr selbst. Öffentlichkeit und Privatsphäre sind keine Bereiche, die voneinander unabhängig wären. Die Öffentlichkeit ist ein Begegnungsfeld von Menschen, deren jeder auch in einer Privatsphäre lebt. Sobald letztere Schaden leidet, steigert das durchaus nicht die Fähigkeit jenes Feldes, seine Funktion zu erfüllen. Aus der echten Öffentlichkeit wird vielmehr etwas Chaotisches, das allen Impulsen der Brutalität und Demagogie zugänglich ist. Die Öffentlichkeit als unentbehrliches Element demokratischer Existenz bedarf der Privatsphäre, nicht nur um anständig, sondern auch um in ihrem eigentlichen Sinn aktionsfähig zu sein – ebenso wie umgekehrt die moderne Privatsphäre keine individualistische Abkapselung sein darf, sondern in Fühlung mit der Öffentlichkeit stehen muß. Die Freiheitsbedeutung der Öffentlichkeit ruht auf der Selbständigkeit des Urteils und Sicherheit der Entscheidung, mit welcher sie Stellung nimmt; die aber wachsen aus dem Boden einer unabhängigen und respektierten Privatsphäre.
Die neuen Informationsmöglichkeiten haben weithin ihr Ethos noch nicht gefunden, laufen vielmehr wild und schaden dem Organismus der demokratischen Gesellschaft. Sie müssen ein Gefühl dafür entwickeln, wann eine Information nicht nur richtig, sondern sinngemäß und anständig ist. Ein Gefühl also für den Gegenbereich zur Öffentlichkeit; ihn zu achten zer-

stört nicht die Freiheit der Information, sondern zieht ihr die gesundhaltenden Grenzen.
Die Öffentlichkeit hat ein Recht, von geschehenen Verbrechen zu erfahren, damit sie daraus ein Urteil über den allgemeinen sittlichen Stand gewinnen könne. Etwas ganz anderes aber ist es, wenn die Information in einer Breite und Weise vor sich geht, daß der Bericht als Anreiz zum Kriminellen wirkt. Daß der Bildreporter die Geschehnisse des Tages zur Anschauung bringt, ist richtig; wenn er aber bei der Wiedergabe eines Unglücks eine Frau photographiert, die über den Tod ihres Mannes klagt, dann überschreiten sowohl der Photograph wie der Betrachter des Bildes die Grenzen des Gehörigen. Gewiß dürfen religiöse Ereignisse wiedergegeben werden; es ist aber taktlos, ja unfromm, wenn betende Menschen so photographiert werden, daß man ihnen ins Innere schauen kann. Nicht zu sprechen von jenen – immer zahlreicher werdenden – Reportagen, denen es überhaupt nicht um wirkliche Anliegen der Allgemeinheit, sondern ganz einfach um sexuelle Sensation zu tun ist.
Wenn der Anspruch auf Freiheit der Information sich weiter so entwickelt, wie er es tut, wird er unglaubwürdig. Die Art des Protests, der sich erhebt, sobald jemand sich gegen die Verwilderung wehrt, zeigt, welcherlei Motive im Spiel sind.
Vielleicht hatten Sie, meine Damen und Herren, das Gefühl, meine Darlegungen seien „akademisch"; beschäftigten sich in einer Zeit, in welcher doch die aktuellsten Dinge drängen, mit unnützen theoretischen Unterscheidungen. Das wäre aber ein Mißverständ-

nis. Vielmehr war von Dingen die Rede, die gesehen und gewollt sein müssen, wenn die Aktualitäten, wie immer sie heißen mögen, nicht an der Mitte der Sache vorbeigehen sollen.

In welchen Formen auch das Problem der Freiheit erscheinen mag: als Freiheit der Überzeugung und ihrer sozialen Verwirklichung, als Freiheit des Berufes und der Arbeit, der Familie, des Hauses und der Privatsphäre, der persönlichen Existenz des Menschen in der Demokratie und der öffentlichen Meinung – alles das hat einen ernsthaften Sinn nur von seinen Grundlagen her. Der Wille zur Freiheit, die Kraft, sie zu erringen und zu behaupten, haben natürlich vielerlei Wurzeln: natürlichen Unabhängigkeitssinn, Mut, soziale Vorzugsstellung, geschichtliche Tradition und was immer. Diese Momente sind aber nicht entscheidend, jedenfalls nicht auf die Dauer. Aus ihnen geht lediglich etwas Psychologisches hervor, das immer relativ bleibt. Die eigentliche Freiheitshaltung ruht auf etwas Unbedingtem und ist ebensoviel Pflicht wie Recht. Davon haben unsere Überlegungen zu sprechen versucht.

Ich glaube, hätten jene Männer und Frauen, deren Gedächtnis wir begehen, hier zugehört, sie würden zugestimmt haben. Denn die Gesinnung, aus der ihr Handeln kam, war nicht die von Revolutionsmachern und Verfassungsstürzern, sondern der Ernst von Menschen, die in schweren Stunden Fühlung mit den Wurzeln des Daseins gewonnen hatten.

Bibliographische Notiz

Die Waage des Daseins. Rede zum Gedächtnis von Sophie und Hans Scholl, Christoph Probst, Alexander Schmorell, Willi Graf und Prof. Dr. Huber. Gehalten am 4. November 1945.
Erstveröffentlichung: Tübingen, Stuttgart, Wunderlich-Verlag 1946.

„*Es lebe die Freiheit!*" Festrede, gehalten bei der Enthüllung des Mahnmals für Prof. Kurt Huber und seinen studentischen Widerstandskreis am 12. Juli 1958.
Erstveröffentlichung in: Jahrbuch der Ludwig-Maximilians-Universität München, 1958, S. 101–109.

Verantwortung. Gedanken zur jüdischen Frage. Rede am 23. Mai 1952 vor der Tübinger Studentenschaft anläßlich der sogenannten Ölbaumspende.
Erstveröffentlichung in: Hochland, Heft 6, 1952, 44. Jahrgang, S. 481–493.

Freiheit. Eine Gedenkrede. Gehalten auf der Gedenkfeier der Stadt München und der Akademie für politische Bildung, Tutzing, zum 20. Juli 1944 im Alten Rathaus, München, am 19. Juli 1960.
Erstveröffentlichung: Akademie für politische Bildung, Tutzing 1960.
Dann in: Sorge um den Menschen, Band 1, 4. Auflage 1988, S. 116–130.